混血《こんけつ》列島《れっとう》論《ろん》

ポスト民俗学の試み

金子遊
Yu Kaneko

フィルムアート社

混血列島論——ポスト民俗学の試み

目次

Prologue 混血列島論 005

I 旧植民地をめぐる旅 025

対岸のアラベスク　マイケル・タウシグと樺太先住民 027
首を狩るひと 057
接木の王国　アカ族から新嘗祭へ 075

II マイノリティの人類学 105

悪魔祓い《ウウェポタラ》　映像でよみがえるアイヌの呪術 107
草葺き小屋のイザベラ・バード 125
砂川のインディアン　亀井文夫とデニス・バンクス 143

Ⅲ　海人のフォークロア　161

オホーツク、漁《すなど》る人びと　土本典昭論　163

交雑する池間島　伊良波盛男の詩　181

竹富島の神司　神秘体験の聞き書き　201

Ⅳ　ヤポネシアに谺する女声　223

花綵列島の独唱曲《アリア》　島尾ミホ　225

大神島の媼亡ければ　241

戦時の人類学　イヴェンスとベネディクト　257

Epilogue　巫娼たちの渚　奄美大島　273

あとがき　282

Prologue 混血列島論

多民族集合体のＤＮＡ

ヨーロッパからきた人類学者が東京で電車に乗り、座っている人たちの顔をながめたときに「日本人と呼ばれる人たちはなんといろいろな顔をもつのだろう」と驚いた、という挿話をどこかで読んだことがある。そこには、アジア中のさまざまな特徴をもつ顔が見られたという意味であろう。日本人がどこからきたのか自分たちの起源にこだわるのは、それが実はよくわかっていないからだ。考古学的に、日本列島には四、五万年前から人が住んでいた。沖縄本島で発掘された約二万年前の港川人の人骨があり、石垣島の白保竿根田原洞穴遺跡から国内最古とされる人骨が発見されて話題を呼んだことも記憶に新しい。彼らの特徴はニューギニアの人々やオーストラリアの先住民に近いとされるが、最近の研究では、彼らは縄文人の祖先だったのではなく滅亡してしまった種族ではないかともいわれている。[1]

二万年前は、氷河期の終わりごろで「更新世後期」と呼ばれる時代である。本州では現代よりも気温が六度から八度くらい低く、現在のシベリアと同じくらいであった。海面は八〇メートルほど低くて、大陸とサハリン島と北海道は陸続きであった。この時期、日本列島の一部は大陸のシベリアからオホーツク海へと突きでた、いわば「サハリン半島」と呼べるような状態になっていた。一万六千年前から三千年前が縄文人の時代であるが、彼らはよく誤解されるような単一の民族ではなく、さまざまな場所からやってきた異なるグループからなっていた。自然人類学の世界では最近まで、東南アジア起源の縄文人たちに朝鮮半島経由で渡来してきた弥生人が混淆し、アイヌと琉球人は縄文人の特徴を色濃く残しているとする「二重構造説」が有力視されてきた。

ところが、分子人類学者の篠田謙一の著書『日本人になった祖先たち』によると、DNA分析の観点では、もっと明確に判明していることがあって興味ぶかい。主流日本人はミトコンドリアDNAの分析によって、中国東北部と朝鮮半島に近いグループ、アメリカ先住民に近いグループ、東南アジア系のグループ、バイカル湖周辺からマンモスを追ってきた狩猟民、シベリアの先住民に近いグループ、中央アジアの遊牧民など数種類以上の種族が混血したものだと判明したという。それゆえに篠田は同書のなかで、独自の民族性をもつアイヌや琉球人をのぞいたとしても「日本は複数の異なる集団から構成される多民族集合体である」と結論づける。

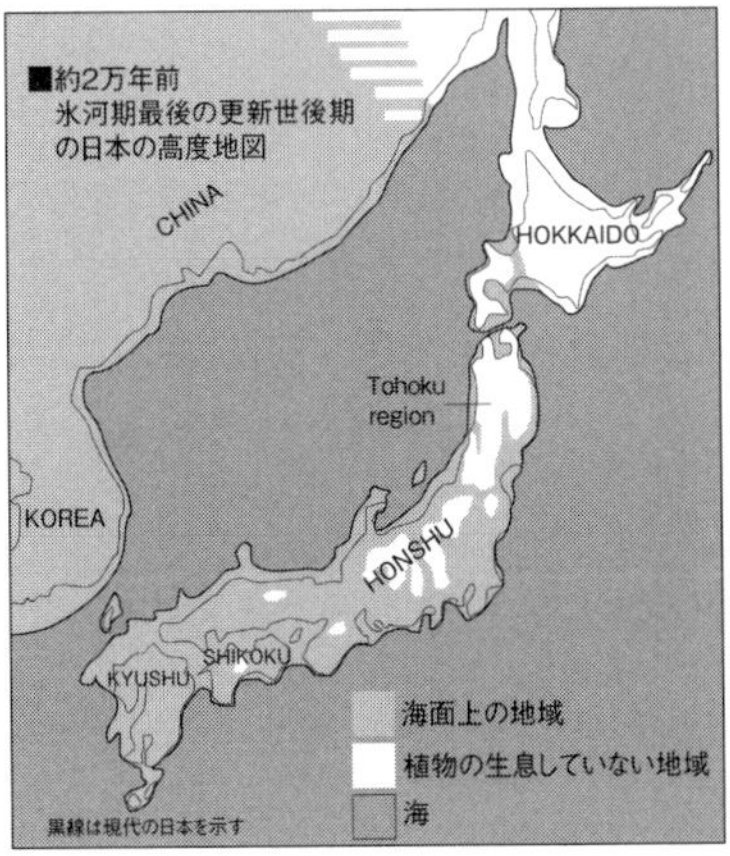

約２万年前の日本列島

縄文人たちはサハリンから北海道へ入ってくるルート、朝鮮半島から対馬へのルート、そして南方から黒潮に乗って到達したという主に三つのルートで、現在の日本列島と呼ばれる土地に入ってきたのだろう。同じように、およそ三千年前の時代に、大陸や朝鮮半島から渡来しはじめて、稲作や鉄器などの弥生文明をもたらした人たちも一様ではなく、いろいろな場所から多様な人たちが長い年月のあいだにバラバラに渡ってきたのだと考えられる。とはいえ、このような起源説にはつねに諸説があるので、わたしたちがどれか特定の学説に与する必要はない。ここでは日本人と呼ばれる単一民族が存在するわけではなく、ＤＮＡ分析の見地からすれば、多くの種族が混血した「日本列島人」がいるだけだということを確認しておけばよい。

柳田國男VS谷川健一

柳田國男の時代と谷川健一の時代を比べると、こうした自然人類学や考古学上の発見とその研究成果の有無に大きなちがいがあるといえるだろう。時代が変われば、同じ民俗学者といえども、それ相当に異なる態度をとらざるをえない。加えて、柳田の初期の民俗学のテーマだった山人論におけるいわゆる「転回」が、柳田と谷川の思想を大きく隔てるものとして、ふたりのあいだに横たわっている。柳田國男は一九一三年に執筆した「山人外伝資料」の冒頭で「拙者の信ずるところでは、山人は此島国に昔繁栄して居た先住民の子孫である。其文明は大に退歩した。古今三千年の間彼等の為に記された一冊の歴史も無い。それを彼等の種族が殆と絶滅したかと思ふ今日に於て、彼らの不倶戴天の敵の片割たる拙者の手に由つて企てる」と高らかに宣言した。柳田自身が山中を好むので、「どの筋からか山人の血を遺伝しているのかも知れぬ」とまで記している。柳田の「山人考」における発言を見てみよう。

現在の我々日本国民が、数多の種族の混成だと云ふことは、実はまだ完全には立証せられたわけでも無いやうでありますが、私の研究はそれを既に動かぬ通説となつたものとして、すなわち此を発足点と致します。我が大御門の御祖先が、はじめて此島へ御到着なされた時には、国内にはすでに幾多の先住民が居たと伝へられます、古代の記録に於ては、此等を名づけて国つ神と申して居るのであります。[2]

柳田國男の「山人考」は一九一七年におこなった講演の手稿であるが、後年それは『山の人生』の単行本に収録された。明治八年（一八七五年）生まれの明治人である柳田が、主流日本人のことを「数多の種族の混成」だと発言していることは特筆に価する。なぜなら、明治維新から太平洋戦争への敗戦へといたる時期に、国民を統合するための中心的なイデオロギーとなった国家神道では、そのような考え方は広く認められていなかったからだ。この講演のなかで、柳田が先住民のことを「国つ神」だとしていることに谷川健一は注目する。『古事記』や『日本書紀』では渡来系につながる神が「天つ神」とされ、先住の土着的な神が「国つ神」とされた。記紀が古代天皇制において権力をにぎった渡来人たちの正統性を主張するあまり、それ以前から列島で暮らしていた先住民を傍流としてしか扱わず、かたよった歴史観によって編纂されたことは否めない。柳田はそのことを正しく認識していたのである。

もともと日本列島に点在する聖域では、さまざまな精霊崇拝的《アニミスティック》な八百万の神々を祀っていた。それらを引きついだ神社では、元から祀られていた土着の「国つ神」が主神の座をアマテラスやスサノオといった「天つ神」に明け渡して境内神の地位に甘んじたり、ときには異神や妖怪のように扱われたりするという転倒がおきた。柳田國男はそのような「国つ神」に山人や先住民の姿を重ねあわせて同情し、『遠野物語』の序文で「願はくは之を語りて平地人を戦慄せしめよ」といった。だが、彼は「山人考」と同時期に書きついでいた『山の人生』では、もう先住民のことを語らなくなっていた。これが谷川健一が指摘するところの柳田の「転回」である。

谷川健一は「山人と平地人」という文章のなかで、こんなふうに結論づけている。山人研究において「単一民族で単一の言語を話す日本国民の中に、日本人とは種族がちがい言語も通じない先住民の残存を柳田は想定した。そしてそれら山人をあたかも禽獣のごとく扱ってきた日本人の通念とたたかおうというのが彼の志であった。これをやや図式的に誇張していうならば、柳田は当時において、日本列島を単一民族の国家とは考えず、複合民族の国家とみなしたのであった」[3]。一九〇九年の『後狩詞記』から翌年の『遠野物語』、そして「山人外伝資料」から『山の人生』へといたる山人論の流れのなかで、当初は山人＝日本列島の先住民の末裔だと柳田國男は考えていた。ところが、各地方から思ったような証拠があがってこず、さらに南方熊楠との論争で批判されたこともあり、柳田はすっかり先住民説を唱えないようになってしまった。

山人＝先住民を証明できなかったことによるひそやかな挫折感が、『山の人生』（大正十五年）の全篇を煙霧のように蔽っていて、山人論の終焉を告げている。山人への関心は、平地人である日本人とは異質の民族文化への傾斜であり、日本列島の歴史を異質の文化を含めた複合体として把握しようとする視点にほかならなかった。その意図が挫折したことは山人の対象となるアイヌや蝦夷の存在も、柳田の目標からはずされ、ふたたび復活することはなかった。それは柳田の民俗学、ひいては日本民俗学にとって大きな転回であった。[4]

谷川健一の民俗学は、まさに柳田國男がそのように捨て去ってしまった地点からはじまっている。そのため、記紀に書かれた記述のなかに蝦夷や土蜘蛛、熊襲や隼人など縄文系の先住民たちの伝承や古俗を見いだし、それらを列島や南島に古くから残る風土記、祭祀、歌、伝説、他界観などと比較しながら、埋もれてしまった多様な先住民たちの文化を想像力で透視することが、のちの時代の民俗学者にとって、つまりは谷川民俗学にとって埋めるべき欠落となったのである。

また、柳田國男は「天狗の話」において「奥羽六県は少なくとも頼朝の時代までは立派な生蛮地であつた。アイヌ語の地名は今でも半分以上である」と書いている。ここで興味ぶかいのは、戦前の大日本帝国が海外へと植民地を広げていった時代に、柳田が蝦夷やアイヌという列島の先住民を、台湾の原住民のような生蕃になぞらえて考えていたことだ。つまり柳田の認識は、自然人類学でいうところの「二重構造説」に近かったのだといえる。山人としての先住民（縄文系）は、侵入してきた平地人（弥生系）に土地を奪われていき、徐々に退歩していくしかなかった。そうして、彼らは森のなかを漂泊するうちに平地人からは鬼として恐れられ、頑迷な者は山奥にとどまり、一方でときどき平地人と雑婚して帰化する者もでた。そうするうちに、少しずつ山人は民族としての同一性を失っていき、平地人に同化され、結果的に彼らの文化は滅ぼされることになったという考え方である。

それに比べて谷川健一の山人観は、柳田＝二重構造説とは対照的なものとなっている。谷川は山人を先住民としてとらえようとした柳田國男の卓見には同意する。しかし、東北に残る「ニタ、ヤチ、トマンなどのアイヌ語」の地名をあげて、これらの湿地は主流日本人にとっては稲作の用地であり、蝦夷やアイヌなどの狩猟民にとっては交通の障害となる場であって、定住民と狩猟民ではたがいに生活する空間がちがうので雑居していても衝突しなかっただろうと谷川は考える。つまり、どちらか一方が他方を吸収していったのではなくて、海沿いや平地、山地などにまだら状に多種多様な縄文系人たちと、こちらも多様な弥生系人たちが、長いあいだ共存して混在するような時期が長くつづいたとするのだ。これはＤＮＡ分析などをあつかう分子生物学や自然人類学の成果を得たあとの、現代のわたしたちの見方に近似している。これを民俗学という専門的な領域から、国家観や歴史などのより広い思想の領域へと押し広げていくと、どうなるか。

柳田の山人論の背景に蝦夷とアイヌがあることは、これまでの彼の文章でまぎれもないところであるから、たとい山男に関する生まの資料は思うように集まらなくとも、東北のアイヌ語地名をよりどころにすれば、日本が単一民族国家ではなく、多民族国家であり、日本列島の先住民が蝦夷やアイヌの祖先であることを立証することも可能であったはずである。柳田は山人論の追求を抛棄するのと同時に、アイヌやアイヌ語地名についての興味を後退させた。東北地方のアイヌ語地名については、金田一京助や山田秀三など、少数の研究家の業績のほか見るべきものはない。日本を相対化する武器として、東北のアイヌ語地名は限りなく重要である。しかるに、日本の諸学問は今なおその価値を認めることに冷淡である。〔5〕

ここには、谷川民俗学の背後に見え隠れする「谷川健一の思想」が見事なまでに言語化されている。単純化をおそれずにいえば、農務省の官僚として全国を歩いた明治人の柳田國男と、大正十年（一九二一年）に熊本県水俣に生まれて敗戦を二十四歳でむかえた谷川の、同じ民俗学徒とはいえども、国家観や中央と周縁についての思想のちがいがくっきりと見えるのだ。谷川は「日本人を照射する異質文化」という文章のなかで、「日本人は、国家とは同一言語と同一民族から均質に構成されると思いこんでいるがゆえに、相手にむかって自己の宗教、言語、氏名、風俗、習慣を押しつけることを罪悪ともおもわない不思議な国民である。こうして満州、朝鮮、台湾、南洋、沖縄、北海道の征服した土地には神社をたてて、現地の住民の礼拝を強制した。現地の人びとの固有の文化は近代日本においては同化政策のもとに無視された。日本人は国民であるかぎり、異質な文化をもつ存在をみとめることを許さなかった」と、近代日本の均質性に対する幻想を、日本列島の周辺民族に対する植民地支配に見て痛烈に批判している。[6]

谷川健一がいうようにそれは思いこみにすぎないのであり、たかが百数十年の歴史しかもたないものだ。明治時代に入るまで、日本列島の住民たちは単一民族などという幻想はもたず、むしろ近世までは士農工商に、皇族貴族と被差別者からなる厳然とした封建的な階級社会を生きていた。徳川幕府は全国を統治する行政府ではあっても、国民国家というひとつの単位は存在しなかった。各藩の大名を中心とした数多くの「国」があり、それら国のあいだの移動は制限されていた。松前藩はあったが、北海道＝蝦夷はアイヌモシリであり、アイヌ民族の土地であった。幕末に欧米からの軍艦や商船が盛んにくるようになって、ようやく七千近くものバラバラな島々をひとつの国民国家として統合する動きがでてきたのだ。欧米の国民国家から随分と遅れて、階級も、話し言語も、地方文化も、民族さえも異なる人たちを、あわてて急速に「日本人」と「日本語」に一元化していった過程が日本における近代化であった。谷川の民俗学や地名学は、そのように短期間に同一化された「日本人」を、本来の姿である多民族集合体の「日本列島人」へと解きほぐそうという意志に貫かれている。

ヤポネシアからマクロネシアへ

柳田國男による山人と平地人という二項対立を乗りこえて、複数文化の共鳴体としての「混血列島」を谷川健一が掘りおこそうとするとき、アイヌ民族と琉球人が重要になってくるのは必然だといえる。柳田國男は前述の「転回」以降、アイヌ民族がもつ民俗と日本列島の和人たちがもつ民俗を比較検討して、その共通点を探ろうとはしなくなった。たとえば、東北地方に見られるオシラサマに関しても、イナウと御幣の類似性やシャーマニズムという共通性があるにもかかわらず、そこに連続性や重層性を見ようとはしない。アイヌの熊送り儀礼《イヨマンテ》などは、サハリンやシベリアに住む北方諸民族との関係性がふかいので、異文化を研究する文化人類学の範疇だとして退けたのだ。谷川健一はそれが柳田民俗学において失われた文脈だと見抜いていたが、南島への探訪の旅を重ねていたこの民俗学者であっても、蝦夷やアイヌについては、地名研究をのぞけば、それを論じた文章は意外に少ない。

しかしアイヌ語地名が東北地方の北部におびただしく存在することから見て、アイヌが日本人と深い交渉をもっていたことは紛れもない事実である。このゆるぎない厳然たる事実は、アイヌの民俗文化を念頭に置かないでは、これからの民俗学の探究は不可能であることを示している。とくにアイヌの民俗を貫く濃厚なアニミズムの世界観は、日本文化の源流を考える際、きわめて重要である。私はかつて民俗学を「神と人間と自然（動植物）の間の交渉の学」としたが、この定義はアイヌの民俗に鮮明な形で具現されているのである。日本の民俗の中にアニミズムの痕跡をさぐっていけば、アイヌの民俗と通底すると私は考えている。沖縄が日本古俗を映し出す鏡であるとすれば、アイヌは古代以前の日本を映す鏡である、と言うことができる。[7]

アイヌ文化が日本列島の古代以前の姿をうつしだす鏡であるとまでいうのなら、もう少しそれを掘りさげてもよかったのではないだろうか。谷川健一もまた柳田國男のように、アイヌ研究は文化人類学に任せればよいと考えたのか。いや、そうではない。そこには、谷川民俗学の根底に流れる「ヤポネシア」の思想との関連があるのだ。

たとえば、柳田國男の『遠野物語』のなかには、オシラサマの逸話として、人間の娘と馬が悲恋におちる物語が紹介されている。谷川はこれが東晋の「捜神記」に由来し、中国のバージョンでは馬が娘に片恋をして、殺された馬の皮が娘を包んで飛びさったのちに、娘が蚕になって繭をつくるようになる説話だと指摘する。「これは蚕の頭胸部が馬の頭に似ていることから連想された物語で、中国では馬頭娘《マートウニャン》と呼ばれている」と書き、オシラ神の「シラ」という言葉は、朝鮮半島の「新羅」や朝鮮語の絹を意味するsir、あるいは満州語の絹sirgeと関係するのではないかと推測している。これがオシラサマの「シラ」の語源として妥当なのかどうか、ここでは問わない。谷川がそれを半島や大陸とのつながりで見ていたことを指摘したいだけだ。

あるいは、谷川健一の民俗学における中心的な課題であった南島を例にとってみてもいい。沖縄の八重山諸島では、真夏にプーリイと呼ばれる豊年祭がおこなわれている。谷川は『慶来慶田城由来記』『八重山島由来記』『八重山島諸記帳』といった書に、収穫を感謝するこの豊年祭についての記述がないことから、初穂儀礼が最初にあって豊年祭のほうは後年につけ足されたものではないかと考える。

> 八重山では穂をプーと呼ぶが、インドネシア語では、穂はbulirである。そこで、プーリイもこのインドネシア語に由来する、という説がある。稲の渡来に名称や習俗がともなうことは当然考えられるから、この説も捨てたものではない。（……）この説を補強するものとして、南島の初穂儀礼に酷似する収穫儀礼がインドネシアに見られる。[8]

これに関しては、谷川健一が書いた別の「「まれびと論」の破綻」という文章においても語られている。そこでは、太平洋戦争中に石垣島の兵士が南ベトナムのビン村をおとずれたときに、八重山の屋敷内の配置とまったく同じ茅葺きの集落を見つけた挿話を紹介している。その村はちょうど豊年祭の最中だったのだが、大きなお面をかぶって、体に木の葉を巻きつけている赤面と黒面が二体、それから黄面の三体からなる豊年の神が家々を訪問しているのを見たという。谷川はこれらベトナムの豊年の神の姿が、八重山のアカマタ・クロマタの姿と類似すると述べている。[9]

このような例をあげれば枚挙にいとまがないが、もうひとつだけ、谷川健一がはじめて与那国島を歩いた経験を書いた「与那国・石垣・宮古の旅」という文章を見ておこう。日本列島の最西端に位置し、年に一度くらい、晴れた日に台湾の島影が見えるこの島では、歴史的にしばしば外敵の侵略をうけてきた。谷川は与那国島の人びとにおける外来者への歓待と警戒心の入り混じった感情、異国人の掠奪に対する恐怖を感じとる。「この島には巨人が住むというしるしをみせて来襲する海賊を退散させるために、まえには年に一度大わらじをつくって海に流す風習があった」という報告から、それを敷衍して「私が思い出したのは、昨年おとずれた志摩の波切町で同様の行事がおこなわれているということだった。（……）そこは黒潮のなかに突き出した九鬼海賊の根拠地で、漂流船の多いことや他の海賊の来襲のあったことが与那国と似ている」と考察している。[10]いわば与那国島の風習をもう一度、日本列島のほうへ適用しなおして、列島における外来勢力とのあいだのやりとりをあぶりだすのだ。谷川のこのような見方はどんな思想に支えられているのか。

いうまでもなく、ヤポネシアという言葉を考案したのは小説家の島尾敏雄である。島尾は日本列島から南西諸島にかけての島々を「ヤポネシア」といいかえることで、太平洋上に散らばるミクロネシア、ポリネシア、メラネシアの島々のネットワークのように、極東にある島々の連なりを巨視的な視点で再考しようとした。前述した分子人類学による日本列島人の起源説のように、谷川健一はこのヤポネシア全体に見られる文化や民俗というものを、朝鮮半島や大陸、そして台湾、フィリピン、インドシナやマレーなどの半島、インドネシアの島々との関係で考えようとしたのである。

ところが、日本列島に有史以前からずっと居住している常民を研究する民俗学では、明治時代の官僚であった柳田國男にしても、近畿地方の風土に精通した折口信夫にしても、「ヤポネシアの意識を方法論にとりいれることで日本を相対化する論理を構成するには、あまりにも単系列の時間の近くに自分を置いた」のだと谷川は指摘する。[11] そして、近代化や進歩という単系列の時間で認識するのではなく、ヤポネシアという空間意識のもとに、さまざまな時間の流れが重層化していることを肯定するためには、列島の原初的なイメージを取りもどさなくてはならないと主張するのだ。そのために谷川は列島の各地を歩いた。それはどうしても南島の果ての小さな島々でなくてはならなかった。

狩俣の祖神祭で私がもっとも関心を抱いたのは、この祭りのなかで「村の創世記」がうたわれることだ。それは「島建ての神話」である。シマとは南島では村を指す語だ。これは宮古島にかぎらず、琉球弧の古代村落では、おそらく各村ごとに存在したのだろうと私は思う。御嶽をもつ血縁部落であれば、村の創始者はそのまま、遠つ御祖《みおや》となる。それが古代天皇制を正統化する神話の系列に組みこまれていったのが日本の歴史であるとすれば、日本を相対化する決定的な鍵は沖縄にあるとする、吉本隆明氏の発言はきわめて重要なものといわざるをえない。そしてそれは、多くの沖縄学者がやってきたように、琉球王府を中心とした沖縄の歴史にあるのではなく、先島の村に、一粒の籾種のように残っているのだ。[12]

宮古島の狩俣村の御嶽（筆者撮影）

吉本隆明の『共同幻想論』や一連の南島論における議論を踏まえているのだと思われる。谷川健一はおなじヤポネシア論のなかで、「ナショナルなものの中に、ナショナリズムを破裂させる因子を発見する」ともいっている。ここに谷川健一の思想の中核を見ることができよう。それと同時に、これこそが彼の民俗学の志向や方法論がうまれてくる源泉ではないだろうか。日本列島や南西諸島を構成する七千もの島々は、最初から「日本」の領域であったわけではない。そこには縄文系や弥生系とされるさまざまな種族が、異なる文化様式や時代性をもってまだら状に混在しており、それぞれの地方における歴史は独自で異質な時間の系列を進んできた。そのことは現代になっても本質的には変わることはない。だが、近代的で単線的な歴史解釈が押し進められてきたた

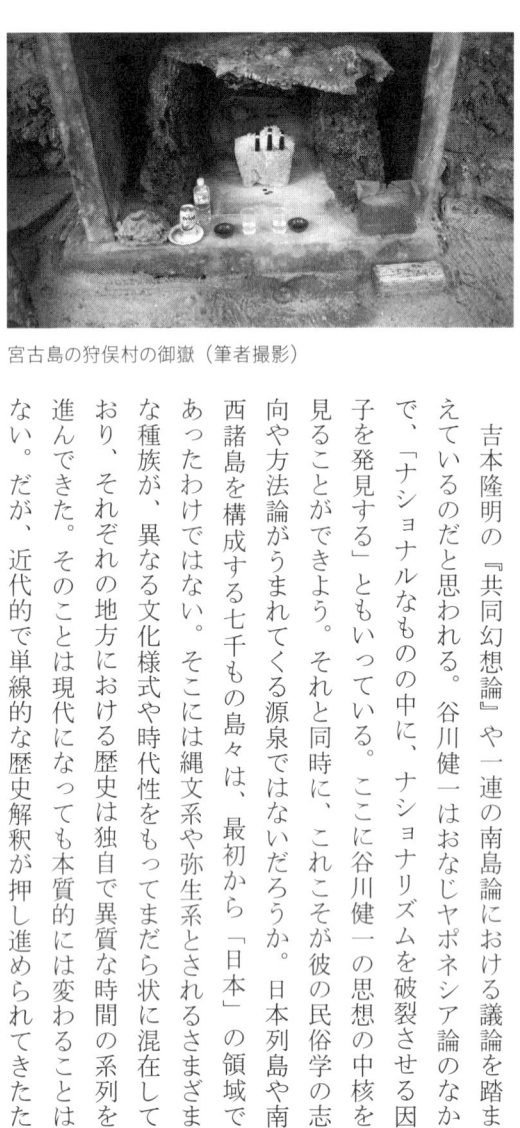

めに、そのことが非常に見えにくくなっている。それが列島の本来の姿であり、混淆的である日本列島人や「混血列島」のあるがままの姿なのだ。

その一方では、多系列で異質な時間を単系列の時間という一本の糸に撚り合わせていったのが「日本」であり、そのために支配層が腐心し、ときによっては、糊塗と偽造をもあえて辞さなかったのが「日本」の歴史である。したがって、撚り合わせた糸をもう一度撚りもどす作業、つまり「ヤポネシアの日本化」を「日本のヤポネシア化」へと還元していく試みが要請される。[13]

まさに谷川健一の思想のひとつが、この「日本のヤポネシア化」であるといえよう。わたしたちが無自覚にいだいてしまっている日本列島への歴史認識を、同質的で均等性をもっと幻想される「日本」から、それぞれが異質で不均等でたがいに混ざりあうような島々の連なりである「ヤポネシア」の歴史空間へとシフトしていくのだ。そんなことは本当に可能なのだろうか。たとえば、ヤポネシアをサハリン、千島列島、日本列島、小笠原諸島、マリアナ諸島、南西諸島、台湾などを含む、太平洋上の大きな島弧として見るとき、このヤポネシア世界が世界中のほかの地域と比べても、面積がせまい割には南北の長い緯度にわたって分布していることがわかる。

アルゼンチンやチリやオーストラリアのように陸続きではなく、島嶼であることで、長い年月にわたって、同質化や均質化から逃れてきたことが、このヤポネシアの最大の特徴であるのだ。それゆえに、それぞれの地域や島に異質な言語や民俗が保存され、中央が力をもった時代であっても、そこから遠くはなれた辺境や奥地では独自の文化がいつまでも続くということが許されてきた。それと同時に、ユーラシア大陸の果ての洋上、東アジアの黒潮がとおる島々であるという地勢的な特徴から、五万年前くらいからアジアの各地域から冒険者たちがやってきては、比較的温暖湿潤なヤポネシアの島々に住みつくということがおこってきたのにちがいない。

そのようなアジア中のさまざまな遺伝子を引きついだ混血児たちが、西からの「大陸文化の圧倒的な流入のもとにさらされながら、征服されず自分にひきつけて消化した、いわば複合文化体をそれは意味する」のだ。[14]わたしたちは谷川健一の思想に導かれて、ヤポネシアにさまざまな異質性と重層性をはらんだ、あるがままの「混血列島」を再発見する。ヤポネシアを育んできたユーラシア大陸や大河川の上流地域、朝鮮半島やインドシナ半島、ミクロネシアからフィリピンやインドネシアの島々にいたるまで、文化的にも遺伝子的にも祖先の記憶が感じられるという意味では、その圏域はわたしたちにとって、さらに広大な「マクロネシア」とでも呼ぶべきものを形成しているのだといえないか。

(1)「港川人、縄文人と似ず　顔立ち復元、独自の集団か」『朝日新聞』二〇一〇年六月二十八日記事
(2) 柳田國男「山人考」『定本柳田國男全集4』筑摩書房、一九六八年
(3) 谷川健一「山人と平地人」『谷川健一著作集3　民俗学篇Ⅲ』三一書房、一九八三年、七九頁

（4）谷川健一『柳田国男の民俗学』岩波書店、二〇〇一年、四二頁
（5）『柳田国男の民俗学』四五頁
（6）谷川健一「解説・アイヌの世界」谷川健一編『近代民衆の記録5　アイヌ』新人物往来社、一九七二年、一一頁
（7）『柳田国男の民俗学』二三五頁
（8）『柳田国男の民俗学』一一三頁
（9）谷川健一「「まれびと論」の破綻」『魂の還る処』アーツアンドクラフツ、二〇一三年、一一一―一一二頁
（10）谷川健一「与那国・石垣・宮古の旅」『南島論序説』講談社、一九八七年、一九―二〇頁
（11）谷川健一「〈ヤポネシア〉とは何か」『沖縄　その危機と神々』講談社、六九頁
（12）『南島論序説』三八―三九頁
（13）『沖縄』七〇頁
（14）『沖縄』六七―六八頁

I

旧植民地をめぐる旅

対岸のアラベスク

マイケル・タウシグと樺太先住民

翻訳すること（übersetzen）は、
渡すこと、つまり或る広大な河の向こうに横たわっている
ほとんど未知の対岸へと渡すこと（übersetzen）となる。

——マルティン・ハイデッガー〔1〕

稚内↑↓コルサコフ

北上するにつれて真夏の日ざしであったものが、段々とやわらかい陽光へと変わっていく。それを頬に受けとめながら宗谷本線の車窓から眺める風景は、見なれない原野へと変貌していった。低い赤エゾマツの原生林がつづくなか、ときおり沼地や湿地帯が顔をのぞかせる。森のなかに、ぽっかりと口をあけた空間。天と大地をむすぶその「開かれ」は、万物が流転したとしても変わらぬ形でそこにあるではないかと思わせ、一種の永遠のイメージを与えていた。八月の末だというのに、緑の原野に白いススキがアクセントを落としているのが目に入ったときには、列車に乗っているあいだに晩夏から初秋へ時間移動してしまったかのような軽い目眩をおぼえた。人の肌に

似た色をした、書物というよりは冊子に近いマイケル・タウシグの著書『フィールドワーク・ノートブックス』(二〇一一年)が、ひざの上で振動にあわせて揺れていた。タウシグはこの著書で決しておおげさな批判ではなく、装幀にもいくぶんかその意思があらわれているが、文化人類学者たちが調査で使用してきたノートブックのあり方にささやかな波風を立てている。

ノートブックは旅をするのが好きだ。まず新しい場所へ、それから新しいアイデアへ。わたし自身のノートは、平穏さをかき乱すようなリズムをもっている。旅をするときにだけ、わたしが「フィールドワーク」と考えるものに関係するときにだけ、それをつけるのだ。家にいるときには、日誌、手記、ノート——好きな呼び方をしてかまわない——をつけないし、つけることもできない。わたしが「家」と呼べるものは、海と記憶の大洋をこえて、はるか彼方にあるというのに。[2]

フィールドワークでノートをつけることは何も文化人類学者に限られたことではない、とマイケル・タウシグは強調する。ヴァルター・ベンヤミンのような批評家、ジャン・ジュネやジョン・ディディオン、ウィリアム・バロウズのような小説家も旅のノートをつけることで知られていた。タウシグは「ベンヤミンは頻繁に旅行へでかけ、自身がどこにいるかを発見することになっても、移動中にノートをつけることに夢中だった。これは文化人類学者のノートと同等のもの」

だったという。[3] ハンナ・アレントはベンヤミンのことを次のように回想している。「三〇代の頃の彼を特徴づけるものとして、黒いカバーのとても小さなノートをおいては他にはない。彼はいつもそれを持ち歩いていた。真珠や珊瑚にでも対するかのように大切に、日常生活や読書において彼の心をとらえたものを、休むひまもなく引用句のかたちで記入していた」。[4]

北辺の海をはさんだ対岸に、夕陽にそまった利尻富士が姿を現わした。それから急に日が暮れた。ふと思いだして、旅行かばんから文庫本より少し大きいサイズの手帳をとりだす。クラフト作家の叔母が、レザーの端切れで縫ってくれたカバーにそれは覆われている。牛皮の表面を指の腹でなでると、さまざまな記憶がおのずと湧出してくる。手帳にはスケジュール管理、日記、フィールドノート、連絡先が混在している。それらは複雑に交錯してアラベスクのような模様を描きながら、想起の強度を高めてくれる。過去の痕跡をしばらくのあいだ思考がなぞれば、その日のできごとがよみがえってくるのだ。どこで誰と会ったのか、日記部分には一時間ごとの記録がある。一六年間つづけていて、本人にしか読めない筆跡が一種の暗号のようになっている。ノート部分には、読んだ本からの引用、旅先で出会った人の連絡先、対話の要旨が日付順でメモしてある。他人に描いてもらった手描きの地図もある。マイケル・タウシグであれば、このような雑記帳をもフィールドノートの仲間に入れてくれるだろうか。

マイケル・タウシグは一九四〇年にオーストラリアに生まれた文化人類学者だ。専門は南米コロンビア周辺のアフリカ系とインディオの民衆文化である。一九七〇年からコロンビア南西部のパシュ・デ・カウカ県の谷あいの地域へ通い、小規模農場や砂糖黍のプランテーションで働く民衆に関するフィールド調査をしてきた。後年、フランツ・ボアズ以来の伝統をもつコロンビア大学で人類学の教鞭をとるようになった。最初の著書『南米における悪魔と商品の物神崇拝』(一九八〇年)では、カール・マルクスが『資本論』のなかで展開した物神崇拝を文化人類学や文化批評に応用して見せ、その後はフィクション批評(fictocriticism)を導入した独自の哲学エッセイ群によって、「まるでビート詩人の小説のようだ」と読者に評されている書き手なのだ。

マイケル・タウシグにとっては、批評家や小説家が民族誌家の役割をはたすことがあるように、フィールドノートをつける行為も人類学者や社会学者に限られた営みではない。『フィールドワーク・ノートブック』では、ベンヤミンが『パサージュ論』を書くために長年にわたって引用文を集め、幼年時代の記憶の想起にこだわり、さまざまな物品を収集した性癖をマルクスが使ったフェティシズム(物神崇拝)という言葉で解釈している。「わたしはこれをフェティッシュと呼ぶことにしよう。スピリチュアルな力に取り憑かれたように、所有物に対してもつ絶大な親愛の情のことだ。それは物にすぎないのだが——わたしたちが物に愛着する、如何ともしがたいあらゆる感覚のなかで——それは許容限度まで崇敬される。物はその人のそばに立って見くだすようになり、奴隷でなければ、その意にしたがうものへと変えてしまう。単なる手段や道具やノートブックにすぎないはずのものが、最後には、それ自体が目的化されることになる」。[5]

それは「妖精神話のなかの魔法の物体」みたいなものだ。ベンヤミンはそこにノートがあれば、それを満たすために情熱を燃やす。まるで何らかの実体が物のなかに宿るかのように、物と宗教的瞑想のあいだで神聖な場をつくりだし、単なる物体以上の力を発揮させる。この人と物とのあいだに生じる得もいわれぬ作用が、アニミズムにおける呪物崇拝から、高度な資本主義社会における商品までを貫いているというのが、タウシグの『南米における悪魔と商品の物神崇拝』の主題のひとつである。世界の資本主義的な経済圏からながめたときに周縁におかれている、先住民や黒人奴隷の末裔の文化をタウシグが研究するのは、それによって人類学者が自身の文化や制度に対する洞察を得るためだ。

この一歩によって、興味ぶかい民衆の知恵を空想または迷信にすぎないと決めつける態度から、わたしたちは自己を解放する。同時に、自文化の主要な神話伝承やその領域における迷信や空想上の人物について敏感になる。その領域はわたしたちの日常生活に劣らず、知的産物にも意味をあたえてくれる。それは不快さをともなうものだ。ありきたりで自然だと見なしていることに自覚的になるように強制し、そのような感受性を養う。社会の発達のプロセスにおいて暗い影として自分たちが生みだした、自然らしさのベールを放棄するように強いる。(…)このようにして、自然の領域のなかで、自分に割りあてられた社会がもつ常態に挑戦するようにと導かれていく。これが、わたしたちの実践である。[6]

マイケル・タウシグは、現代の人類学が西洋の文化、とりわけ資本主義に対する批評になるべきだと考える。たとえばコロンビアの農民や民衆が、巨大な資本や資本家をキリスト教的な悪魔のメタファーでとらえたように、周縁や辺境と呼ばれる地域では自文化の慣習的なイディオムをつかって、資本主義への批判を明瞭に表現する。だからこそ周縁に追いこまれている民族や文化を研究するなかで、自身の属する文化への批判も得られるのだ。ただ単に異文化を研究するのではなく、人類学者が自文化を批評することは、まさにグローバル資本主義の時代の批判精神に適合しており、その態度はタウシグの研究を文化批評や思想家のそれに結びつける。『ヴァルター・ベンヤミンの墓標』（二〇〇六年）をはじめとする哲学的なエッセイ集を読むと、人類学的な思考のはざまに、唐突に欧米諸国のテロとの戦いやイスラエルによるパレスチナ人の人種隔離といった話題が差しはさまれる。それは前述のように、欧米文化や資本主義に対する内省へと導くためなのだ。

最北端の駅をおりたら、ほとんど秋の夜の浜風だった。コートなしでは出歩けないくらいの涼しさである。商店街の看板が日本語とロシア語の並記になっていて、道ばたで二、三組のロシア人家族を見かけたこと以外には、そこが国境の町だという兆しは他に見あたらない。その町は行政上においても、人びとの共同的な意識においても北の果てなのであって、漁業者や利尻島や礼文島へむかう旅客をのぞけば、この先に別の世界が広がっているという「開かれ」を感じることは難しいのかもしれなかった。

翌朝、フェンスで囲われただけの国際フェリーターミナルへ行くと、週末の買い物を楽しんだロシア人家族が数組、巨大なスーツケースと商品を入れた段ボール箱にかこまれて出国ロビーを占拠していた。船員に確かめたところ、翌月で稚内とコルサコフ（大泊）をつなぐ航路から、この船会社は撤退するとの回答だった。夏期休暇をサハリン島縦断のツーリングに費やすバイク乗りによれば、相当な赤字航路だという。繁忙期に乗客が三〇名にも満たないあり様では、他の日の利用客の数は推して知るべしだ。

フェリーは外海にでて、ほどなくしてサハリン側の岬が見え、クリリオンスキー半島（能登呂半島）をのぞみながらアニワ湾を航行していった。手すりに掴まらなければ立っていられないほど、船は横揺れをはじめた。慣れた様子のロシア人たちは、早々に横になり、毛布をかけて客室でじっとしている。真似して寝そべっていると、何もない海の真んなかで「ただいま国境線を越えました」とアナウンスが入った。国境線上の波間に揺られながら目を閉じた。サハリン島のポロナイスクで暮らしていた少数民族ウィルタのシャーマンで、戦後は網走に移住せざるを得なかった北川ゴルゴロの話を思いだした。ウィルタはトナカイ飼育をする遊牧民であり、かつてのサハリン島ではニヴフ、エヴェンキ、樺太アイヌたちとともに大きな争いもなく暮らしていた。ところが日露戦争後の一九〇五年になって、北緯五〇度線でロシアと日本に分断されたのである。北川ゴルゴロは少数民族の研究者である田中了の「国境はどんなところか」という質問にたいして、「ルチャとシシャ（ロシア人と日本人）がつくった道《ポクト》だべ」と答えたという。

――木を倒してよ。木を伐って、ポクト（道）をつくった、と。ポクトの向こうがルチャ・ナアニ《くに》、ポクトのこっちがシシャ・ナアニ《くに》。だれがきめた、とポオ（天）にきいた。ポオは知らない、と。トナカイにきいたと。トナカイも知らんと。知らないトナカイ、ポクトを渡った、と。鉄砲の音して、トナカイびっくりして逃げた。シシャが怒る。ルチャも怒る。どうして怒られるんだべ？　トナカイかんがえた、と。（……）シシャとルチャがケンカ（日露戦争）して、ケンカやめて道つくって、つくった道を通せんぼして、おまわりやヘイタイさおいてニラメッコしてケンカする。ケンカする道いらない。ケンカする道なして（どうして）仲良くつくったんだべな、と、トナカイかんがえたそうな。かんがえたが、トナカイ、とうとうわからなかったと。[7]

ウィルタ民族が遊牧や狩猟をして自由に暮らしていた時代を知り、その後、南樺太で日本による占領時代と戦争を経験した北川ゴルゴロ翁が、トナカイに自民族の視点を託したみごとな語りの片鱗がここにうかがえる。何もない海や土地に線を引き、そこを領土化し、切りわけようとする力。ポツダム宣言においてロシアと日本は、北緯五〇度線でサハリン島を南北に分断した。だが、そこは針葉樹のふかい森であったため、国境線に沿って幅一〇メートルに草木を伐採し、全長約一三〇キロの人工的な「何もない空間」をつくらなくてはならなかった。北部のワール村周辺に住むウィルタと南部の敷香（ポロナイスク）で暮らすウィルタは離ればなれになり、ロシアと日本の両国家によって敵同士にされた。そのような歴史を北川ゴルゴロは口承文学の力をつかって、トナカイにも不可解に思える「ルシャとシシャがつくった道」、つまりは国境線というものを精一杯に揶揄してみせるのである。

太平洋戦争のあと、ソ連によるサハリンの再領土化によって、やませという冷たい風が吹き、波が荒く、季節によっては霧が立ちこめて視界が悪いことで有名な宗谷海峡の真んなかに国境線が引きなおされた。それはわたしたちの目には目えず、耳にも聴こえず、フェリーの客室に寝そべっている背中の下で、不可視の巨大な蛇のごとく海底に身をひそめている。その幻の怪物《レヴィアタン》は、稚内と対岸のコルサコフからのさまざまな緊張や牽制によって養分を与えられ、実体化され、維持される。海上の国境線をこえる船は、単にこちら岸とあちら岸をつなぐ「架橋」なのではなく、ふたつの岸辺、ふたつの風景、つまりは対岸をたがいに引きよせると同時に切りはなす存在なのである。

ポロナイスク↑↓オタス

稚内から船で五時間の対岸は、完璧なヨーロッパ世界だった。乗りあいバスに乗って一時間でユジノサハリンスク（豊原）、さらにポロナイスクまでは夜行列車で七時間ほどかかった。オホーツク海にそそぐポロナイ川の河口の町である。ポロナイは北海道の幌内と同じで、アイヌ語の「大きい・川」のことだろうか。アイヌ語地名が使われていることひとつをとっても、サハリンと北海道には類似したところがある。町を歩いていて気楽さがあるのは、ロシア人が大多数であったユジノサハリンスクやコルサコフに比べて、ポロナイスクではアジア系住民の比率が高いからだ。ネフスコエ湖（多来加湖）に近いこの流域のツンドラ地帯は、他の地方でも見られないほど少数民族のウィルタ、ニヴフ、エヴェンキ、ヤクートらが集まって混住してきた地域であり、樺太時代に日本の強制労働で連れてこられた朝鮮系の末裔も多く住んでいる。

レーニン広場を抜けて、オホーツク海をのぞむ浜辺にでた。ポロナイ川を遡上して産卵を終えた後に力つきたのか、波打ちぎわに打ちよせられたサケやマスの死骸にカラスが群がっている。浅瀬で背に網かごを背負った人たちが、手づかみでサケをとっていた。町から川の対岸へ渡る船着場をさがして歩くと、工場の裏手から小さなボートがでていくのが見えた。ポロナイスクの町から川をはさんだ対岸のサチ、少し上流にある三角州のオタスへは橋がかかっていない。十三、四歳の少数民族らしい少年に、ボートで対岸のサチまで送ってもらった。小さな木舟にモーターをつけただけの簡易なものだ。川は泥水のようににごっていたが、水上の渡河は爽快だった。サチの側には堤防と木の桟橋があった。少年に船賃を渡したが、笑って首を横に振るだけだった。川を眺めていると、釣り船より大きい車を積載できる渡し舟もやってきた。砂浜の上にあるサチと

サチの船着場から対岸のポロナイスクを望む（筆者撮影）

いう集落から、ポロナイスクの町にアクセスするにはこの二種類の船しかないようだった。

ウィルタのダーゲニーニ・ゲンダーヌ（北川源太郎）は、一九二四年にこの樺太敷香字サチに生まれた。ウィルタは文字をもたない民族だったので、春先の流氷がゆるむころに生まれたことは確かだが生年月日ははっきりしていない。ゲンダーヌは幼少の頃、兄のヒラナカと一緒に母オーリカの手を引いて、丸木舟に乗せた日のことをおぼえている。昭和に入ったばかりの頃のことだ。母は盲人で、住み慣れたサチを離れることを渋ったが、役場から立ち退きを勧められたという。一九〇五年から終戦の一九四五年までの南樺太は日本が領有しており、樺太庁の土人事務所は強制こそしなかったが、上流の三角州であるオタスに種々の少数民族を集めて効率的な同化政策を進めていた。土人部落「オタスの杜」がつくられたのが一九二五年か二六年と推測され、そこに土人教育所という学校が開かれたのが一九三〇年のことだった。[8]

移住といっても簡単なもので、丸木舟に毛布と少量の食器類を積込む程度で荷物らしいものはほかにない。オタスではすでにワシライカ一家のためにカウラ（夏の家とも呼ぶ樹皮葺家屋）を造ってナアンニェニが待っていてくれた。オタスに渡ったとき、舟から降りたオーリカが空を仰ぎ、目あきのように辺りを見まわしていた姿を今でもゲンダーヌは思い出す。慣れない砂地を母の手をひき、一足、一足しずかにカウラに入ったときのことも忘れない一こまである。〔9〕

ポロナイスクからタクシーに乗ってオタスまで行った。現在は遠まわりすれば橋で渡ることができるのだ。町から二キロくらいの距離だった。「もともとオタスはアイヌ語のオタシュツ（砂地）に由来する。オダウシ、オダは砂、ウシは有る、つまり砂の多いところである」〔10〕。ポロナイ川と支流のシスカ川にわかれる三角州で、地形としては島のようだからオタス島とも呼ばれ、ウィルタやニヴフはこの場所で伝統的な遊牧生活から漁撈や農業に従事させられるようになった。日本人は北方諸民族を、敷香の町からはなれた対岸の島に閉じこめて自分たちから「切断」するとともに、土人の都と呼んで多くの観光客が訪れる新たな「連続性」をもつくりだした。後にゲンダーヌの養父になったゴルゴロ翁は「オタスは大きなクレ（トナカイを飼う牧柵）だ。ドジンをクレに放りこんで見せものにする。シシャが珍らしがって見にくる。クレの中に、小さなクレ（学校・飼育場）をつくって、センセ（調教師）がムチをもってシシャのマネをさせる。上手にマネする子をたくさんつくる。ウィルタのゲンダーヌは源太郎になった。ニブヒのイガライヌは一郎になった」と語った。〔11〕

何十年も前、ゲンダーヌがお母さんの手を引いて歩いた、その砂地を踏む音に耳をすませながらオタス島をゆっくりと巡った。昔の地図と照合すると、ポロナイ川沿いのニヴフ部落から土人教育所のあたりまでが、ソ連時代の製材工場の廃墟になっている。八〇年代に田中了らが訪れてウィルタ部落の跡地だと特定した木造二階の工員寮は、それと思われるものが今でも残っていた。製材工場が操業していた頃、町からオタスに通うソ連の労働者の多くが小型船を使っていた。現在のオタスの水ぎわにも屋根つきの駐艇場が軒をつらねていて、ほとんどが錆びついて長年使用されていない様子だった。一九四〇年に土人教育所を卒業したゲンダーヌは、敷香の町とオタスを結ぶ蒸気船オタス丸の船長になって、船着場から対岸の町場までポロナイ川の水上を往復する日々を送った。

「おれは船長だ！」喚きたいような衝動にかられ、源太郎は船着場に走った。オタス丸が急に大きく見えた。乗客は誰もいない。源太郎はエンジンをかけた。快調である。じっとしておれない。〽われは海の子、白波のー、声をあげて歌った。[12]

ゲンダーヌ少年は少数民族としては初めて樺太支庁勤めとなり、往復五十銭の小蒸気の船長になった。その彼のイメージと、現代のサチの渡し舟の少年の姿がわたしのなかで重なってくる。ゲンダーヌは服を油まみれにして、一日中エンジンをいじくって岸から岸を結ぶ。この蒸気船がなければ、敷香の町とオタスの対岸は、ただ川をはさんで見られる地形的な光景であるのにすぎない。こちらからあちらへ、あちらからこちらへと眺めるだけの対象であり、空間として生きられる場ではない。蒸気船がになう往来は、ふたつの岸辺に橋を差しかけたと思えば、次の瞬間には両岸を切りはなす「連続と切断」をくり返す。町と三角州のあいだを往復しながら、その航跡は両岸という二項対立を無効化するように、無限のパターンをつくりだし、ポロナイ川の水面に複雑なアラベスクの模様を描きだすのだ。否、それはアラベスクではなく、ゲンダーヌが得意としたウィルタのイルガ（切り文様）であろう。紙を複数回折って、うずまきなどのかたちにハサミを入れるとさまざまな文様が生まれてくる。彼らはイルガを白樺の樹皮や型紙でつくり、自分たちの衣裳や身のまわりの小物に縫いこんだ。いつでも水面に映えるうずまきとともにあるために。あるいは、ふたつの岸辺のあいだに自然の複雑さを導入するために。

ウィルタの切り文様　北川アイ子作

　ここにマイケル・タウシグの『南米における悪魔と商品の物神崇拝』の議論を援用してみるとどうなるか。ウィルタは「飼っているトナカイ（Ulaa）とともに生活する人」の意であり、遊牧、狩猟、漁撈を生活の中心にしてきたサハリン島の先住民である。ウィルタ社会の特徴として、「戦争」という言葉をもたずに他の少数民族と調和して生きてきたこと、家族内や社会で上下関係や階級をもたないこと、私有の概念をもたないこと、文字をもたないことがあげられる。身分や社会的な階級がなく、経済的な蓄積や土地の私有の考えがなかったことは、少人数でトナカイとの遊動《ノマド》生活を送ってきたことが要因だが、ロシアや日本が侵出してきたときには、彼らは蔑視される少数者というだけでなく、意図せずしてプロレタリアートの地位につかされたのである。どういうことか。

伝統社会に生きていたウィルタは、短期間で封建制や近代の市場経済のリアリティを経験することになった。サハリン島の先住民に対する植民地主義的な支配や、同化政策の非人間性を非難するだけでは十分ではない。たとえば、ウィルタが三角州に隔離されると同時にいきなり放りこまれた市場経済のなかで、オタスの杜の観光地化と彼らのトナカイ飼育、住居、伝統衣裳、家具、シャーマニズムが貨幣と交換可能な「商品」とされたことを問うべきではないのか。あるいは、北川ゴルゴロの子どもの世代であるゲンダーヌが喜んで蒸気船の船長になったとき、ウィルタの自然宗教観の何が崩壊し、それが物への物神崇拝《フェティシズム》とどう関わったのかを吟味すべきだろう。それをもたらしたのは近代日本からの影響力であった。ゴルゴロ翁たちが批判の声をあげるのなら、その言葉をヒントにして、わたしたちは近代社会のあり方をも問わなくてはならない。そのためには外国語の翻訳作業にかならず解釈がともなうように、思索の領域においても翻訳という名の解釈が、つまりは広大な川の対岸へむけて舟を渡す行為が試みられる必要がある。そこでは、いつでも漂流が起きかねず、難破の危険性が待ち受けているのではあるが。

ところで、ゲンダーヌが土人教育所の卒業をひかえていた一九三八年、日本民族学会の北方文化調査に同行して、ひとりの二十代後半のアマチュア映画作家がオタスの杜を訪れている。民俗映像の先駆者、宮本馨太郎である。彼は一六ミリフィルムで一八分の『オロッコ・ギリヤークの生活』という作品を撮影した。「当時のオロッコ・ギリヤークの人たちの服装、住まい、生活道具などの記録の他、めずらしい樹上葬法や家型の霊屋、さらにはシャーマンにもカメラを向け」た、時間を巻きもどして撮影することのできない貴重な映像作品になっている。[13] この映像を見ると、熊の全身の骨を樹上に縛りつける珍しい習俗、木製の棺桶を樹の上におく樹上葬（天葬）、イラウ（＝イナウ）を頭にまいたシャーマンが太鼓を叩きながら、腰を横に振っておどる姿などがつよい印象を残す。網走に移住したゲンダーヌの妹である北川アイ子は、強制的に移住させられたオタスの杜で天葬を見たことがあるという。それはシシャ（日本人）に命じられて、古い棺桶を樹上において見世物にするためにつくったものだった。ゴルゴロ翁の証言によれば、ウィルタが「天葬」をすると考えられたのは次のような理由からだった。

——ウィルタは土葬である。移動生活中、冬期間に死者を出した場合、凍てついて土が掘れない。ツンドラ地帯では七カ月以上も掘れない。野犬から遺体を守ることを考えて樹上に仮葬し、春、暖かくなって埋葬する。春になり仮葬した場所にトナカイと戻るとはかぎらない。あちこち移動しているので、そのままになっていることが珍しいことではない

——。

たまたま旅行者《よそもの》が樹上の仮葬を見て記録し、写真に撮ったりする。学者や研究者までが風変わりな葬法、つまり「天葬」と称して紹介する。そして「天葬」がウィルタの葬法になってしまった。最近はロシア人の影響を受けて埋葬しているが、それはウィルタ本来の葬法ではない、とまで解釈したりする。〔14〕

「天葬」はまず初めに植民者の誤解から生まれ、後には明白に観光資源として捏造されたウィルタの葬法だった。これは数多くある例のひとつにすぎない。わたしたちは異文化の他者と遭遇したときに、彼らを自分たちと異なる者として「対岸」へしりぞけ、同時にその目新しさに好奇の目をむける。他者は必ず異なる慣習をもっていなくてはならないのだ。そのエキゾティックな風貌や習俗は十分に集客をするための商品価値を有し、地方行政と民間が結託してそれを市場経済に組みこむようにする。オタスの杜でウィルタやニヴフの姿を写真におさめた民族学者たちも、彼らの映像を撮影した宮本馨太郎にしても、エキゾティシズムや観光化の思惑とは関係ない、学術目的でオタスを訪問したのにちがいない。しかし彼らの視線には、その時代のパラダイムがもつ限界が如実に表れている。それこそが、サハリン島の先住民が近代社会に参入するときに押しつけられた疎外の表象だったのである。

サチ↑↓網走

自分のフィールドノートに雑記されたロシア語の地名、人びとの名前、語りの記録をながめていると、またたく間に夏のポロナイ川河口の情景がよみがえってくる……。ポロナイスクから渡し舟に乗ってサチへ通ううちに、平日の夕方が聞きとり調査に都合のいいことがわかってきた。夕暮れどきの船着場の桟橋には、学校帰りの子どもたち、対岸の魚の加工工場の仕事を終えた大人たち、子どもの迎えの車やスクーターなどで人びとが行きかう。慌ただしいなかにも、一日を終えた安堵感でゆったりと近所の人びとや家族と立ち話を楽しむ姿が見られる。ウィルタのアレクセイ・オオノ君（七歳）とは、そこで顔見知りになった。彼は野犬と棒で遊び、川に飛びこんでボートに乗り、川に半分沈んだ廃船を探検するサチの子どもの遊びを披瀝してくれた。終戦後に日本が樺太から撤退すると、日本語教育を受けた少数民族の人たちはほとんどが樺太に置き去りにされることになった。オオノ君の名前に日本の姓とロシアの名が混在するところに、ウィルタの人たちの歴史を垣間見ることができる。

野犬と遊ぶウィルタの少年　サチにて（筆者撮影）

　同じ桟橋のまえで、マサオ・スガワラさん（六十三歳）にも出会った。スガワラさんの母のカズコさんは金沢の出身で、敗戦後のサハリンに残った珍しい日本人だったという。日本軍や日本人が去ったあと、オタスは少数民族にとっては刑務所のようなものだったので、ほとんどの人たちが下流のサチに戻ってきたのだと教えてくれた。高校で英語を勉強しているエカテリーナ・ジクワさん（十七歳）は、ロシア人の父とエヴェンキ人の母をもつハーフだった。何十年という時代をこえて、いまもサチに少数民族が身を寄せあうように集住していることに驚かされる。今後は民族的な混淆とアイデンティティの主題こそが重要になってくるのかもしれない。わたしのフィールドノートには、エカテリーナがロシア語で書いてくれた名前のスペルや、サチにある先住民の慰霊碑の場所を示す手描きの地図が残っている。東京からきたというと、彼女はまっ先に「戦没者慰霊碑」に連れていってくれたのだ。そこにはソ連や日本の戦争に巻きこまれて、戦後にシベリアの強制収容所に送られて亡くなった少数民族の人たちの名前が一人ひとり刻まれている。その多くは日本語名をもっていた。北川ゴルゴロや北川ゲンダーヌの名前もそこにはあった。

実は、北海道のほうを向いているこの戦没者慰霊碑と対になるように、オホーツク海の対岸の網走にも、少数民族ウィルタ・ニブヒ戦没者慰霊碑「キリシエ」が建っている。網走の天都山の中腹にある慰霊碑は対岸のサハリンを向いていて、台座の裏側には「一九四二年突然召集令状をうけサハリンの旧国境でそして戦後戦犯者の汚名をきせられシベリアで非業の死をとげたウィルタニブヒの若者たちその数三十名にのぼる」と刻まれている。北川ゲンダーヌの軍人恩給の支給を国家に求めたり、北川アイ子を中心にした少数民族の人権や文化を守る活動に携わったりした人たちの積年の努力の成果である。そうではあるが、サハリンから北海道にもどって、この慰霊碑の前で手をあわせたときに居心地の悪さをおぼえたこともまた事実である。

どうして文字をもたなかったウィルタやニヴフの慰霊碑に、広島の原爆死没者や沖縄の数多くの戦没者の慰霊碑のように、ロシア語や日本語で名前を刻まなくてはならないのか。その言葉はウィルタやニヴフのものではなく、占領者に押しつけられたものである。また「アレクセイ・オオノ」君の名に見られるように、彼らに固有の名前でさえルチャとシシャの支配言語に侵蝕され、剥奪されてしまっているというのに。

サチに生まれて、オタスでウィルタの子として育ち、サハリンの国境線でのスパイ活動容疑でシベリアの強制収容所に送られて、戦後は北海道の網走に渡ってきたが、日本国籍がないために軍人恩給をもらえなかった北川ゲンダーヌ。彼のことを、マイケル・タウシグなら、資本主義社会における先住民のプロレタリアート化だと考えるだろう。その一方で、復帰後の網走でウィルタの文化伝承に携わったゲンダーヌには、サハリンと日本に三百人程度しかいない滅びゆく民族という偽りの感傷がつきまとい、彼の困難の多い生涯が必要以上にドラマティックな物語としてとらえられたきらいもある。戦没者を記憶しつづけるための慰霊碑が発揮する力に人間のほうが支配されるような感覚、つまりは物神崇拝《フェティシズム》の空気をわたしは少しかぎとったのである。タウシグの言葉を借りれば、結局、慰霊碑は「その場で与えられる情報に人びとが感心し、ただぼんやりと眺めるだけの場所になってしまう」〔15〕。そして、オホーツク海をのぞむ風景の美しさによって、ゲンダーヌと少数民族の人たちの死は、安っぽくて戦慄するような悲劇のドラマへと堕してしまうのだ。

そこからさらに一歩踏みこんで、これこそが、死がわたしたちを震えあがらせることであり、同じように魅了することでもあると断言してもいいのではないか。不在によって断絶されてもなお、まるで、まだその物語の完成を可能にすること。それは死である。その物語に対して、結末を永遠に引き延ばすこと。それは生であった。わたしたちは自分の物語のために、死による権威づけを欲する。死を解釈するときや、むろん遺体を解釈するときほど、特にそうである。墓石でも慰霊碑でも（…）そんな企てなのであり、そんな物語にすぎないのである。[15]

ウィルタやニヴフが日本の占領下で蔑視され、戦争で生命をうしない、戦後もシベリアで命を失ったこと。そのことは広く認知されておらず、書かれた言葉、語る行為、慰霊碑などのかたちで語りつがれなくてはならない。それに異論はない。だが、そこに辺境の学である文化人類学や民俗学がセンシティブであるべき問題も見えてくる。それは、死者の物語を外側から完成して、学問上の権威づけや資本主義経済の消費の対象にしてはならないということだ。あるいは、人びとの良心の呵責を浄化するための凡庸な物語として利用されないようにすることだ。そうでなければ、彼らはその生において収奪された挙げ句、その死後にもまた多くを奪われることになるだろう。そのような物語に対してマイケル・タウシグがいう「結末を永遠に引き延ばす」とは一体どういうことなのか。石碑でなかったら、どのような慰霊が可能だというのか。どうすれば死で閉じられてしまった物語から、その生が描いた複雑なアラベスクの軌跡やウィルタ文様を取りもどすことができるのか。

日本の占領下において、ポロナイ川の三角州につくられたオタスの杜。マイケル・タウシグ風にいえば、それを考察することで、わたしたちの足もとで起きているできごとに対する批評や洞察を得ることができる。ひとつの事例として、毎年七月に網走市で催される「オロチョンの火祭り」をあげることができよう。「オロチョン」は本来、アムール川流域の少数民族のことを意味するが、いつからか日本ではウィルタ、ニヴフ、ツングースなど北方の少数民族を総称する呼び方として定着していった。「オロチョンの火祭り」は、もとはモヨロ貝塚をつくったオホーツク人に思いをはせて、かがり火を焚き、北方の少数民族の衣裳を着た人やシャーマンに扮した人びとがおどる祭りだった。一九五〇年ごろから、サハリンから引きあげてきたウィルタやニヴフや樺太アイヌに出演して踊ってもらうようになり、夏の観光客を楽しませてきたものだ。北川ゴルゴロも駆りだされてシャーマン踊りを披露した。そのことを娘の北川アイ子は、次のように回想している。

父ははじめ、網走の観光事業の一つである「オロチョンの火祭り」のシャーマンをやらされていましたが、それは本当に気の進まぬものでした。ウィルタの火祭りには全くないもので、神様の教えにそむくものだったからです。でも、生活のためでした。父は、家に帰って、神様にお詫びをしていました。「ウィルタってみじめだな」と思いました。[16]

ウィルタの人たちが戦後日本の市場経済に組みこまれるときにプロレタリアート化され、生活費を得るために、自身の伝承文化を商品として差しださざるを得なかったことが、ここにはうかがえる。現在はこの祭りに少数民族はまったく参加しておらず、模造品としての民族衣裳やシャーマンは「オロチョン」の名前でひとり歩きして、火祭り、ラーメン、セワ（精霊）のお守りなどのかたちで消費物となっている。これはウィルタと無関係な人たちによる物語の捏造であり、伝統社会が衰微するなかで、それとは対照的に拡散されていく不死の模造品なのだ。高度な資本主義経済では、ネイティブ・アメリカンの神話をディズニーが『ポカホンタス』にアニメーション映画化して、十分に考証されない物語が広く流布していった事例のように、商品やメディア化されたイメージこそが規範となってしまう。見事な伝承工芸の制作の担い手となる人は別として、皮肉なことにネイティブの人たち自身がそうした織り物、衣裳、彫刻、楽器、民話などの再生産や販売にたずさわることになるケースも多い。

このような偽りの物語や模造品の流布を、戦前戦中のオタスの杜への集住化や、土人教育所や、樹上葬にも勝るともおとらない疎外と搾取の形態として、わたしたちは認識しなくてはならないだろう。しかし、これに対抗できるどんな方法があるというのか。たとえば、もともと「オホーツク」という言葉はアイヌ語ではなく、ツングース語の「Okata（川）」が語形変化したものだといわれる。網走にあるモヨロ貝塚に暮らした人びとや、一三世紀くらいまで栄えたとされるサハリン、北海道、千島を結ぶ海洋民族だったオホーツク文化の担い手は、ニヴフの近縁だったという説もあるくらいだ。オホーツク海をはさんで対岸に相対するサハリン島のサチと北海道の網走は、国境線で阻まれてはいるが、同じ文化的ネットワークに起源をもつものとして近似性や類縁性の痕跡を残している。そのことは、戦後にサハリンから網走へ移った北川ゴルゴロが「故郷に雰囲気の似ている網走での生活を始める」と語った感覚にも表れているだろう。実際にポロナイスクから網走へもどってくると、オホーツク海にそそぐ網走川、湿原や海跡湖の存在、森における植生のサハリンとの近さなどを実感することができる。オホーツク海沿岸から北の方角へ「開かれ」が感じられるのは、歴史的にも文化的にも、この地域が対岸の世界とのあいだに縦横無尽な航跡のアラベスクを描いてきたからではないのか。

北川ゴルゴロやゲンダーヌらの家族を失ったあとも、網走でウィルタ文化の伝承を担った北川アイ子もまたそれを感じていたようである。彼女は晩年になるまで「やま」へ行って、ミツバ、たらの芽、フキ、わらびなどの山菜、種々のキノコを採ることを楽しんだ。その様子は『北川アイ子さんの生活と記録』（一九九九年）という北方民族博物館が制作した記録映像に見ることができる。

彼女は三〇年以上にわたって、山の精霊や海の精霊にお供え物をして、感謝をささげたりお願いごとしたりする「ババチュリ」の儀礼をつづけた。ウィルタのアニミスティックな宗教的感性を、網走に移ったあとも保持しつづけたのだ。ウィルタ協会で彼女を支えたひとりである弦巻宏史は「石北峠を通る時、今まで通ってきた川は全部オホーツク海に流れるわけだ。こっから後の川は全部石狩川から海へ行く。そしたら峠でババッチュリをやるんだね。ブッシュのなかに入ってね。木のところに、お菓子とか、本当はタバコとお酒を添えるんだけどね」と語っている。[17] 石北峠を分水嶺にして、北東に広がる常路川や網走川の水系と平野を、彼女はサハリン島とともに親しみのあるオホーツク地域としてとらえていたのかもしれない。

わたしたちは、戦後のウィルタの人たちが北海道へ移住せざるを得なかった悲しい境遇を強調するが、本来的に遊動民である彼ら／彼女たちが季節ごとに家を替えるようにして、網走にひょいと移ってきたという可能性についてはあまり考えることがない。その土地は雰囲気がどことなく故郷のポロナイ川流域に似ていたのである。そして、それが海や国境をこえるものだったとしても、彼女たちは移動した先々を「家と呼べるもの」に変える天賦の才をもっていた。火祭りのシャーマン踊りではなく、北川アイ子があちこちでおこなうババチュリの儀礼のたびに、森や林は少しずつサハリン島に近いものへと変質し、網走の砂浜はせりだして少しずつだが対岸のポロナイスクへとにじり寄る。対岸への「架橋」とは、ただ現実にある橋や船舶の行き来に限られるものではない。それはふたつの物、ふたつの場所、ふたつの文化、ふたりの人の対話などにおいて、さまざまな価値や意味を交換しながら共通項を増やしていき、たがいの属性を近づけていく変容の技法なのである。

ウィルタの北川アイ子がババチュリをおこなう映像は、わたしたちの身体が自然や環境の一部であり、それに対して自己を生成していくものであることを思いださせてくれる。まわりの環境と不可分である身体を、自然との有機的な連関のなかで相互作用させながら、感謝と祈りのアラベスク（ババチュリやウィルタ文様）を描き、外部へと開いていく姿がそこには記録されている。ほんのつかの間だけ、大樹の根元にしゃがみこんで、木の梢や枝葉をゆらす風に耳をすますこと。それもまた、静かに物事を考えることをうながす、ある種の碑だといえる。

冬のオーホツク海沿岸は、シベリア大陸から冷たい季節風が吹くことで知られる。それがアムール川の河口やサハリン島北部から、海流とともに流氷を運んでくる。マイケル・タウシグは「高度な言語をつかさどる意識をもった、わたしたち人間が、どうしてそれに名前をつけて、わたしたち自身の理性や記憶のなかへ風を吹きこませてはいけないのか」という。「追憶するという義務を全うするために、風のことを記念碑だと呼ぶような蛮勇や狂気をもちえた国家、宗教、あるいは共同体をあなたは想像することができるだろうか」と。[18] 風に名前をつけて、それを記念碑と呼ぶこと。それこそが、水面のうずまきを象った文様を身につける人たちにふさわしい姿勢ではないだろうか。それは欧米人から見たら蛮勇になるのかもしれないが、アニミスティックな感性をもつウィルタや列島の混淆民族たちからすれば、すんなりと納得できる感覚であるのかもしれないのだ。

（1）マルティン・ハイデッガー、辻村誠三・岡田道程・アルフレド・グッツオーニ訳『ヘラクレイトス　ハイデッガー全集　第55巻』創文社、五二頁

（2）Michael Taussig , *Fieldwork Notebooks=Feldforschungsnotizbücher*, 2011, Ostfildern : Hatje Cantz , p8. 私訳

（3）*Fieldwork Notebooks*, p8. 私訳

（4）*Fieldwork Notebooks*, p4. 私訳

（5）*Fieldwork Notebooks*, p5. 私訳

（6）Michael Taussig , *The Devil and Commodity Fetishism in South America*, 1980, The University of North Carolina Press, 6p. 私訳

（7）田中了『サハリン北緯50度線　続・ゲンダーヌ』草の根出版会、一九九三年、九八―一〇〇頁

（8）笹倉ゐる美「ウイルタの文化と歴史と網走」北海道立民族博物館編『ウィルタとその隣人たち』北海道立民族博物館、二〇一一年、八頁

（9）田中了・D・ゲンダーヌ『ゲンダーヌ　ある北方少数民族のドラマ』徳間書店、一九七八年、三一頁

（10）田中了編『戦争の北方少数民族　あるウィルタの生涯』草の根出版会、一九九四年、二一―二二頁

（11）『サハリン北緯50度線』一二八―一二九頁
（12）『ゲンダーヌ』六九頁
（13）北村皆雄「始まりの日本映像民俗学・映像人類学」北村皆雄、荒井一寛、川瀬慈編著『見る、撮る、魅せるアジア・アフリカ！　映像人類学の新地平』新宿書房、二〇〇六年、二一九―二二〇頁
（14）『サハリン北緯50度線』一二〇―一二二頁
（15）Michael Taussig, *The Glave of Walter Benjamin*, 2006, The University of Chicago Press, p6. 私訳
（16）榎澤幸広・川村信子・弦巻宏史「資料『私の生いたち』」「オーラル・ヒストリー　ウィルタ・北川アイ子の生涯」名古屋学院大学総合研究所、二〇一二年、七八頁
（17）「オーラル・ヒストリー　ウィルタ・北川アイ子の生涯」三四頁
（18）*The Glave of Walter Benjamin*, p30. 私訳

首を狩るひと

鳥居龍蔵のフィールド写真

「男子半身像」(撮影：鳥居龍蔵)

一枚の写真からはじめることにしよう。人類学者の鳥居龍蔵が一九〇〇年(明治三十三年)の第四次台湾調査のときに、台湾北部から中部の山中で撮影したとされるタイヤル族の男性の写真「男子半身像(7601)」である。タイヤル族は言語的な区分としては、北西部のいわゆるタイヤル族と南東部のセデック族に大まかに区別されるという。写真の男性はしずかな面持ちで、カメラの方を見つめている。[1] 写真をよく見ると、額とおとがいに、成人した男性であることの印として入れ墨をしている。漢族が大陸から入ってくる前から、台湾には海際や山奥にそれぞれ固有の言語や文化をもつ数多くの先住部族が住んでいた。漢語で先住民というと、すでに滅んでしまった人たちのことになるので、台湾では先住者の意味で「原住民」と呼ばれている。

台湾のネイティヴのなかでも顔に入れ墨をする部族はそれほど多くない。それゆえに鳥居龍蔵はタイヤル族を「有黥蕃」と名づけた。タイヤル族では額とおとがいの入れ墨のほかに、結婚した女性には耳もとから口もとにかけて入れ墨をすることが許されていた。ところで、写真の男性の背後に伝統的な家屋とは思えない建物の板壁が写っている。おそらく彼らの集落かその近辺まで入っていた漢族、あるいは日本人が建てたものだろう。鳥居龍蔵がタイヤル族をフィールド調査をしたのは、眉原《マイバラ》社、木瓜《ボックイ》社、東勢角の近辺であったが、他の写真や調査記録と照合してみても、この写真が撮られた地点まではっきりとしない。季節は五月から六月にかけてだったことはわかっている。男性の服装からもその季節を感じることができる。鳥居龍蔵はタイヤル族の衣服に関して、こんなふうに説明している。

彼らは面部と手の甲に入墨を施し、首狩を盛んにする。身体は半裸体で、男子は腰に細帯を巻き、男根の上の所で結び目の端を下げるのみ。体部には麻布の袖無しの半体衣を着る。女子もほぼ同様であるが、腰に麻製の腰巻を施し、男女とも肩から脇に一枚の麻布の風呂敷用のもの（ルッコシ）を掛けている。[2]

写真の男性が着ているのは、ここで言われている麻布の半体衣であろう。ところが、肩からかけた縞模様のルッコシ（またはパダと呼ばれる）が写真の下半分をおおう、ふしぎな構図の写真となっている。肩かけの縞模様に関しては「木瓜のルッコシ、パダは無地の麻布中、褐色に染められたる麻の紋様として織り込まるゝなり。この褐色の原料は蕃地に生ずる草根よりとれるもの」と鳥居は別のところで書いている。[3] 美術の言葉でいえば半身像、写真の用語でいえばバスト・ショットとして撮られた写真であり、肩かけを横にまいているので男性の首から上だけがのぞいて見える。もっといえば、タイヤル族の男性の首だけが切断された状態で、肩かけの上に載せられているかのようである。台湾原住民のなかでもタイヤル族とセデック族は盛んに首狩りをしていたことで有名であり、そのせいもあって、この写真を見るものが一瞬ギョッとせざるを得ない不穏な構図になっているのだ。

台湾原住民の首狩り

鳥居龍蔵は日本の人類学の黎明期を代表する学者であるが、尋常小学校を退学したあとに独学で学んだ人であった。二十三歳のときから東京帝国大学の人類学教室で標本整理係になり、坪井正五郎に師事してさまざまな講義を聴講した。一八九五年（明治二十八年）にはじめて遼東半島へ海外フィールドワークに出かけ、翌年から東京帝大の派遣で台湾の人類学調査をおこなった。台湾には五年間であわせて四回調査に入っており、東海岸、紅頭嶼（蘭嶼）、南部、山地へのすべての調査期間をあわせると、約一三ヵ月ほどの長期にわたるものだった。そのときの様子をつづった「南部台湾蕃社探検談」や「台湾蕃地探検談」（ともに『鳥居龍蔵全集』第十一巻に収録）を読むと、まだほとんど外国人が入っていなかった台湾の離島や山奥に、船旅や険しい山道の登山をして、二十代後半の鳥居が道なき道をわけ入っていく様子がうかがえる。

また、一八九六年の第一回台湾調査は、鳥居龍蔵が日本の人類学者として初めて写真機を導入

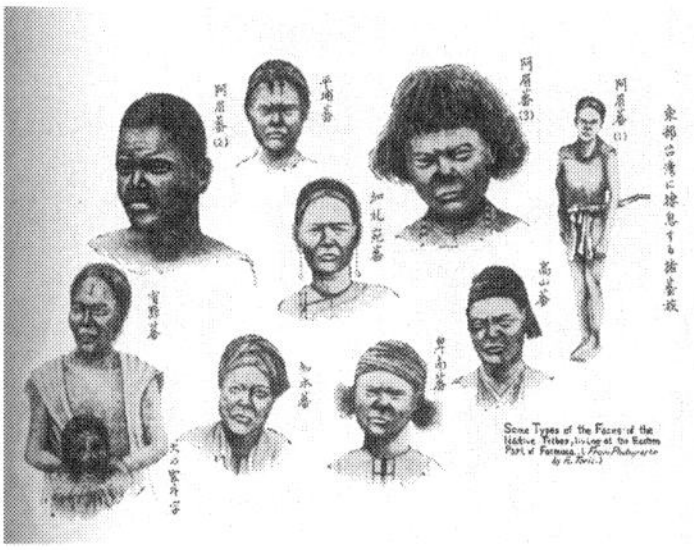

鳥居龍蔵のスケッチ「東部台湾における各蕃族及び其分布」『鳥居龍蔵全集第十一巻』より

鳥居龍蔵が使った写真機と同型のもの(『学問と情熱　第16巻　鳥居龍蔵』より)

したフィールドワークとして知られている。彼はもっとも早く写真技術の重要性に注目した研究者であり、台湾にわたるにあたって大学に写真機の購入を依頼した。当時の写真機の本体は大きくて重量があり、さらにロールフィルムが日本で一般化する前だったので、相当の重さがあるガラス製の写真乾板を用いるものだった。鳥居が旅の様子を書いた文章を読むと、必ず現地の人を人足として数名雇い入れていることがわかる。山賊からの警備、食料と生活品を運ぶことのほかに、写真機と割れやすいガラス乾板を運ぶ必要があったからだろう。そこまでして写真を残そうと考えたことは、鳥居がフィールドにおける写真撮影の重要さに気づいていた証拠である。

　写真を撮る前から、もともと鳥居龍蔵はスケッチが巧みなフィールドワーカーだった。遼東半島や台湾の調査にかぎらず、その後の長いフィールド生活において彼は旅先で出会った集落や家屋、人々の姿、衣服、民具、土器、武器、紋様など、あらゆるものを民族誌的な資料として絵やスケッチのかたちで残している。視覚的な手段に訴えることに意識的であったからこそ、絵では間にあわない部分があることにも早くから気づき、台湾に写真機を持ちこんだのだと推察される。鳥居自身は台湾調査に写真機をもっていった理由として、「私はこれから台湾に渡行し、生蕃を調査するのであるから、スケッチのみでは不可能であり、是非とも写真を用いねばならぬ」と書き、台湾のネイティヴを調査するために写真機がどうしても必要であったとしている。[4]

それがどんな写真機であったかというと、「大学で購入してもらったそれは、カメラというよりも写真機と呼ぶべきで、キャビネ型のガラス乾板を使い、シャッターは口径の大きなレンズに蓋をしておき、瞬間的に蓋を取っては感光させるという初歩的な方式のものだった」と評伝作者の中薗英助は描述している。[5] まだ、シャッター技術のないカメラだったのだ。このような機材によって鳥居龍蔵は一八五九枚の写真乾板を残し、なかでも台湾関係の写真は八三四枚にのぼっている。いったい台湾調査の何が、鳥居にこれだけの数の写真を撮らせたというのか。一八九八年に三度目のフィールドワークのために台湾の南部へ入り、恒春の近くにある牡丹社という村でパイワン族を調べたときの文章に、次のような記述を見つけることができる。

蕃社に於て最も注意を要すべきは首刈りなり。（…）上蕃社も奥に入るに従ひて盛んにシナ人の首を集めるの状あり。其の酋長の家には首棚ありて、現に七十有余の首を羅列しあるを見る。上蕃社にて此の如く首を集め、五年に一回各社一大盛宴を開く時、蕃人はそれ等の首を空中に高く投じ、降り来るを窺ひ、竹竿を以てこれを受くるの技あり。これがため各社は大人小人とも常に暇あれば植物の葛を人頭形に作り、これを空中に投げ上げ、降るを受け止むる練習をなす。これ等によるも、開化の度は上蕃社の下蕃社に劣る数等なるを知るべし。[6]

これは南部のパイワン族の首狩り習俗に関する記述である。彼らは大陸から入ってくる漢族の首を狩って、それらを首棚にならべていた。そしてお祭りの場において、その首を空高く投げて、竹の棒でキャッチする余興がおこなわれていたという。フットボールの起源について、イングランドの戦争において敵の生首を蹴って勝利を祝ったという一説があるが、それを思いださせる報告であり、祭儀とスポーツが未分化に融合している興味ぶかい習俗である。そうでなくても、一八七〇年（明治三年）という時代に、徳島市の町人の家に生まれた鳥居龍蔵であった。明治時代初期の地方都市は、まだまだ江戸期の風俗を濃厚に残しており、斬首刑が全国で廃止されるのは一八八二年（明治十五年）になってからのことだから、刑場におけるさらし首はさほど珍しいものではなかった。

それでは、鳥居龍蔵がことさらにパイワン族の首狩りの慣習を取りあげて、開化の度合いが劣ると書くのはどうしてなのか。黎明期の人類学者が「土人」と呼ぶ、台湾原住民にむける視線の時代的な限界がそこにはあったと考えればいいのか。それとも、つい二、三〇年前に文明の開化をとげて、斬首のような慣習を捨てた国の人間であったからこそ、近親憎悪的に相手を野蛮視したというのか。いずれにせよ、台湾調査に入るときの安全の問題として何よりも鳥居が怖れたのは、漢族の山賊におそわれることと、台湾原住民の首狩りの慣習であった。一八七一年には、同じ牡丹社で宮古島から漂着した人たちが台湾の原住民に虐殺される事件がおきていた。「南部台湾蕃社探検談」にも「宮古島の人民も同じく此の地に漂着し、牡丹社蕃人のために殺戮され、遂に明治七年征討の事起りたり」とわざわざ書いているので、その印象が強くあったのかもしれない。[7]

実際に鳥居龍蔵は台湾のフィールドワークにおいて、何度か命が脅かされるような危険な目にあった。あるとき鳥居は、台南近くの山上に住む部族を調べるために山を登り、酋長の案内によってその村に入った。だが、鳥居たちが去った二、三日後に三人が首狩りにあったことを知り、一歩間違えば自分が犠牲になっていたと報告している。[8] また、鳥居が台湾中部のブヌン族を撮った写真「首狩りに出かけるセブクンの戦士たち」には、最大の危険にさらされながら撮影した写真であるとの断り書きがある。[9] 台湾原住民における首狩りの習俗は、人類学者としての鳥居にとって、すたれてしまう前に危険をおかしてでも調査をしたい関心事であり、ぜひとも写真に残しておきたい何かだったことがよくわかる。

鳥居龍蔵が本格的に調べる前から、台湾原住民における首狩りに関しては、いくつかの俗説がとなえられていた。たとえば、彼らが首狩りをはじめたのは大陸から漢族が入ってくるようになり、彼らのことを憎んだからであるとか、首狩りで有名なタイヤル族が額にいれている入れ墨は、人を殺した数と同じだというようなものであった。むろん、鳥居はフィールドワークの末にこれらの俗説を退けている。「東部台湾の木瓜蕃などに殊に私は参って首狩りに就いて写真を写して来たが、……彼らが首を集めて来て居る首を見るに、ある木瓜社の首棚にあった首は阿眉蕃の首で、シナ人の首は一つも這入って居りませぬ。又隣の土人、入れ墨をして居る太老閣の土人と互いに首の取りやりをやって居る」とある。[10] ここでいわれている木瓜社の写真は「木瓜社的頭骨架」のことだと思われる。[11] 屋外につくられた木製の棚に、この写真に見るだけでも十数個以上の頭蓋骨がならべてあり、その棚は屋根の役割をする草で簡単に葺いてある。鳥居がタイヤル族の村に入ってこのような首棚を調べた結果、漢族の首はなくて原住民同士で首狩りをやっていることが判明したというのである。ここでは、鳥居のフィールド写真は俗説を打ち消すための証拠写真としての機能を果している。それでは、首狩りの習俗はどうしておこなわれていたというのか。

首狩りをやるのに、どういう目的のものかというに、無暗にやるのではない。その目的は、己の領地を犯したとか、己の仲間を殺したものがあるからその復讐というのが大目的で、復讐するために首を取るのであります。これらはその写真であります。(……)さて私の見る所によれば、首狩りに二種類あります。甲はボルネオ的の首狩り、乙はフィリッピン的の首狩りであります。甲の首狩りは、首が欲しさに首を狩る。そして彼らはこれを祖先の霊にそなえたり、あるいは家の装飾にしたり、根附けにしたり、頭蓋を盃にする。又乙のフィリッピン的首狩りは、全く結婚上必要品として首を集めるので、これは花むこが花よめに向かって結婚の前に送るべき結納《ユイノウ》であります。そうでありますから、彼らは婚姻時には首が必用であるから、是非首狩りをせねばならぬ。[12]

漢族やまわりの他の部族を敵として憎むから、無闇やたらと首を狩るのではない。それぞれの部族社会における社会構造のなかで、領地や争闘の問題、あるいは祖霊崇拝や結婚などの慣習上において必要が生じたときに、それがおこなわれるというのだ。その他にも男子が大人になるための通過儀礼という面もあった。同じ文章のなかで鳥居龍蔵は「この首狩りというものは、台湾土人が最初台湾へマレイ地方から渡って来た時からやっておった風習で、決してシナ人に接してから始まったものでない」といっている。[13] 鳥居は台湾原住民の起源としてマレー系人、つまりはボルネオやフィリピンの先住民を想定して、両者のあいだに数多くの共通点を見いだしている。今日ではあまり有力な説ではないようだが、少なくとも社会構造のなかに首狩りを位置づけようとしており、鳥居が調査する以前の俗説をきっぱりと否定しているところは評価でき

アミ族の「木瓜社的頭骨架」(撮影:鳥居龍蔵)

るだろう。首狩り習俗の問題ひとつをみても、鳥居にとっては探検型のフィールドワーカーとして台湾の奥地を踏破することが重要であり、当時は非常にかさばるものであった写真機を担いで、台湾の原住民たちの姿をおさめなくてはならなかった理由がうかがえる。

首狩りとしての写真撮影

前出の「首狩りに出かけるセブクンの戦士たち」という写真は、タイヤル族やセデック族に居住地域が隣接する台湾中部のブヌン族のなかの「セブクン」と呼ばれる集団を撮影したものであった。六人の戦士である男たちが、じっと写真機のほうを見つめている。彼らの帽子や衣服は鹿の皮でできており、優秀なハンターなのだと想像される。手には武器をもち、食料を入れた雑嚢を背中に背おっている。これから山中へ入って、何日間にもわたって狩りをしようという装備を整えて、今にも出発しそうな様子である。首狩りというと、あたかも人間を見つけて、殺害をするために首を切り落とす残酷な所業のように思われがちだが、実際はもっと穏当なものであった。彼らがおこなっていたのは、弓矢や鎗で相手を殺したあとに、その首を切りとって持ちかえるという行為であった。

彼らは森林中で待ち伏せし、ときには数日間にわたって獲物である人間を待つ。彼らはつねに犠牲者の首を切りとり、雑嚢の中にいれて部落にもち帰る。帰ってくると老人や婦女子がかけつけてくる。人々は地面に置いた首の回りを輪になって囲み、首が部落にきてくれたことを祝い、かつ感謝して、これに簡単なことばを話しかける。そして飯と一種の飲みものを口にいれてやる。それから部落をあげて踊りと名称のない饗宴に夢中になる。最後に彼らはこの恐るべき戦利品を頭骨置き棚にもっていき、そこに置いたまま二度と訪れることはない。頭骨は怖ろしい危険なものになったからである。彼らは幽霊、妖怪、亡霊、死後の復讐等々をなによりも恐れている。[14]

ブヌン族の人たちのとても深いところにある死生観や宗教観にまで届こうとしている記述だといえる。狩られた首が大いなる力を村にもたらし、そのことをお祝いするさまが伝わってくる。首狩りは台湾原住民に広く見られるものであり、首には霊力や生命力が宿ると考えられていた。それと同時に、死者の首は何か不吉なことをもたらすパワフルな力をもっていると見なされ、頭骨棚におかれたまま省みられることはない、と鳥居龍蔵が書いてるところが興味ぶかい。多くの場合、台湾原住民は敵や異なる部族の首を求めるのだった。自分たちとはちがう言語や習俗をもつ他者のなかに入っていき、人間の首から上を狩ってきて、自社会のなかでその威力を借りて何かをなすということ。「首狩り」をそのように文化的なレベルで考えてみれば、それはほとんど鳥居がフィールドにおいて写真を撮っていった行為と等価だといえないだろうか。

「台湾の原住民（一）序論」という文章に付された図版をひとつずつ見てみよう。[15]「タイヤル族西部集団」という写真には、ふたりのタイヤル族の青年男子の姿が写っている。ともに正面と真横をむいたバストショットである。正面と真横からの写真をならべる様子は、現代人であれば、すぐに履歴書などに添付される本人の証明写真や、犯罪容疑者の逮捕後に撮影される「マグショット」を思いだすことになるだろう。マグショットにおけるアングルと被写体に対するフレーミングは、捜査に関わる者、被害者、証人が容疑者を識別しやすいように調整される。人物の肖像写真として、もっとも客観的であろうとする方法だといえる。あるいは、マグショットが人類学的なフィールドワークに使用されるとき、それは少数民族において標本を採集する行為に近い。台湾中部の埔里で、ほぼ絶えかけていた眉蕃《ヴァイ》の女性を撮影した際に、鳥居龍蔵は「此の写真は埔蕃の写真とともに、後日タスマニヤ種族に於けるのと等しく、好標本と相なるべきものと存じ候」と喜びを隠さずに書いている。[16]この文章からは、自分の撮っている写真が後世で重要な資料となることを意識し、かつ種族の標本としてそれらを撮っていたことが伝わってくる。

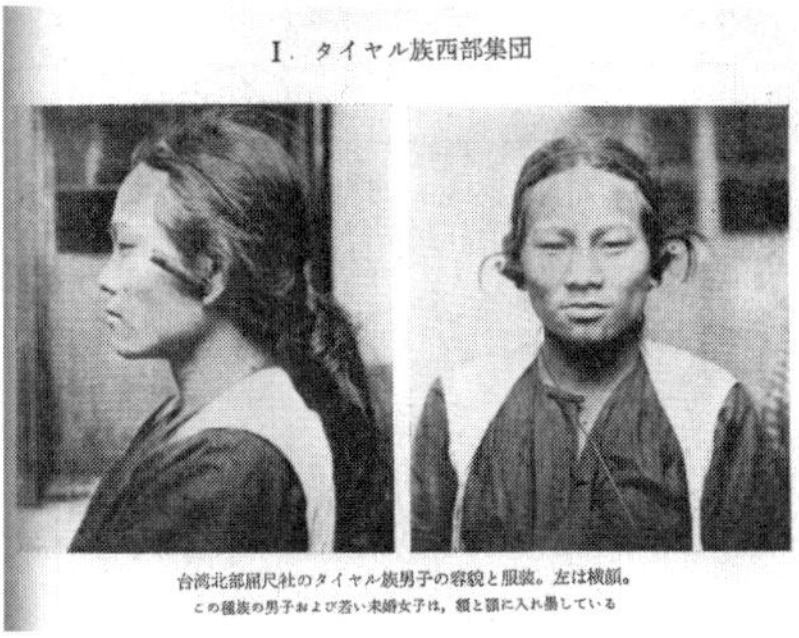
I．タイヤル族西部集団
台湾北部屈尺社のタイヤル族男子の容貌と服装。左は横顔。
この種族の男子および若い未婚女子は，額と顎に入れ墨している
「タイヤル族西部集団」『鳥居龍蔵全集第五巻』

実は、鳥居龍蔵の写真にかぎらず、一九世紀なかばから二〇世紀なかばにかけて、世界中のあ

らゆるフィールドで先住民を撮った人類学資料としての写真の多くに、鳥居の「タイヤル族西部集団」の写真と同じ特徴が見られるのだ。つまり、被写体の頭蓋のかたちや髪型や髪かざり、目つきや鼻の大きさや口のかたち、入れ墨や耳飾りの有無、そして伝統衣装とネックレスの種類などが、他の民族と容易に比較できるように、できるだけ科学的であろうとする写真の構図を使うのである。一八三九年にカメラの祖型であるダゲレオタイプがフランスで考案されてから間もなく、絵画よりもさらにディテールに富んだ写真技術は、戦前まで日本の自然人類学において広くおこなわれていた「人種学」的に各民族を分類する方法として注目されるようになった。鳥居があらゆる苦難をこえて、台湾のフィールドに写真機を持ちこんだ理由のひとつがこれである。

一八五〇年を過ぎたころには進化論は生活の隅々にまで行き渡り、人類文化の変異は生物学的に決定されたものと考えられていた。そのためには、それぞれの民族集団の「標準例」ないし「型」(タイプ——その集団に一般的かつ標準的で、他の集団とは異なる形質)を確定して身体計測をおこない、それをもとに「科学的」に文化段階を決定することが必要だった。その手段として、自然を正確に写しとるとされた写真術がひろく用いられるようになったのである。[17]

そのような意味においては、鳥居龍蔵の台湾におけるフィールドワークはきわめて「科学的」

な方法に忠実であろうとした。台湾原住民における言語や神話の収集、慣習や儀礼の観察をすること以上に労力をかけたのが、各部族の身長、皮膚の色、頭の大きさ、手や足の大きさ、耳の長さ、肩幅、胸囲や腹囲などの身体計測であった。それらのデータから標準例を割りだして互いに比較するという、当時は隆盛をきわめていた形質人類学の手法を使ったのである。

鳥居龍蔵が描いたフィールドスケッチの「東部台湾に棲息する諸蕃族」は、そうして導きだされた各部族における標準例の「首」をそれぞれアミ族、パイワン族、タイヤル族など他の部族と比較できるようにしている。[18] そして身体計測とその分析によって導きだされるのは、たとえば、タイヤル族に関しては次のような考察であった。「木瓜、太老閣蕃は其の身長高山蕃よりも比較的高く、其の皮膚は褐色なれども、高山蕃よりも更に黒し。頭髪は直なり。而して容貌は如何と云ふに、眼大、鼻は寧ろ高き方にして、彼等の中に他の蕃族と異なる鼻の形状二種あり。一は「トピナールド氏鼻表」の鷲鼻と称するものにして、一は同氏の鉤形と称するものなり」と。[19]

このように皮膚の色や身体の特徴による人種的な分類が、自然人類学の世界では公然となされていたのである。それは人類学的な知における時代的な限界であり、その時代のタブローのひとつだったのであるから、このことによって鳥居龍蔵があげた研究成果を全否定する必要はない。ここで指摘しておきたいのは、鳥居が写真技術の科学性に着目し、台湾原住民を撮った資料としての写真には、文化的な「首狩り行為」とでも呼べる性質があるということだ。冒頭でとりあげたタイヤル族の「男子半身像」の写真において、肩かけが男性の首を切断するような構図で撮られたことは、偶然だとはいえ、きわめて暗示的である。それと同様に「東部台湾に棲息する諸蕃族」のイラストに集められた各部族の頭部の「標準例」についても、人類学的な首実検のようなものだったといえるかもしれない。

一九〇〇年に鳥居龍蔵は台湾に四度目のフィールドワークに出かけた。しかし、タイヤル族やセデック族の住んでいる霧社では、しきりと日本人の首が狩られていたので、調査に入ることができなかった。ちょうどその三〇年後にそこで、霧社事件が起きた。「されども、小生は幸ひにも二個の人骨を手に入れ候。一は頭骨にして、一は全躰のものに候。さればよし入社せずとも、是等の人骨の研究は蕃社にまさる幾倍の価値これあり候ものと存じ候」と鳥居は書いている。[20]集落で調査をすることはできなかったが、タイヤル族の人の頭部と全身の人骨を入手したので問題がないとしているところに、当時の人類学者の姿勢と、鳥居のフィールドワークの目的意識が端的にあらわれている。

もちろん鳥居龍蔵の方法の是非を検討することが、本章の目的ではない。そうではなくて、鳥居がフィールドワークに入り、人骨、写真、スケッチといったさまざまな形で東京へ持ちかえった台湾原住民の「首」に象徴されるものが、彼の調査の糧となり、彼の台湾に関する人類学研究の骨格となったことを指摘したいだけだ。鳥居が若さと健脚でもって歩きまわって収集したものが、現地から東京の人類学教室という文脈に移動されることによって、それまでとはちがう価値や輝きを放ちはじめるということ。大学から命じられる学術探検は、二十代の駈けだしであった鳥居にとっては一人前の人類学者になるための通過儀礼であっただろうし、現地から持ちかえったものが力の源泉となって発言力や権威が発揮されるということもあったのだと想像される。つまり、鳥居が台湾のフィールドで撮り続けた人びとの首の写真は、はからずも結果としては、台湾原住民の諸部族において通過儀礼や霊的な行為としておこなわれる「首狩り」と同じ意味あいを持っていたのである。

（1）台北・順益台灣原住民博物館編『鳥居龍蔵眼中的台湾原住民　跨越世紀的影像』一九四四年、一二〇頁
（2）鳥居龍蔵『ある老学徒の手記』岩波書店、二〇一三年、一二七頁
（3）「東部台湾に於ける各蕃族及び其分布」『鳥居龍蔵全集第十一巻』朝日新聞社、一九七六年、四七〇頁
（4）『ある老学徒の手記』一一七頁
（5）中薗英助『鳥居龍蔵伝　アジアを走破した人類学者』岩波書店、一九九五年、四六頁
（6）「南部台湾蕃社探検談」『鳥居龍蔵全集第十一巻』四一九頁
（7）同前『鳥居龍蔵全集第十一巻』四一六頁
（8）同前『鳥居龍蔵全集第十一巻』四二一頁
（9）『鳥居龍蔵全集第五巻』四六頁、図版とキャプションを参照
（10）「東部台湾諸蕃族に就て」『鳥居龍蔵全集第十一巻』四九二頁

（11）『鳥居龍蔵眼中的台湾原住民　跨越世紀的影像』一一一頁
（12）「東部台湾諸蕃族に就て」『鳥居龍蔵全集第十一巻』四九二頁
（13）同前『鳥居龍蔵全集第十一巻』四九二頁
（14）「台湾の原住民（一）序論」『鳥居龍蔵全集第五巻』四六頁
（15）同前『鳥居龍蔵全集第五巻』一四―七四頁
（16）「台湾埔里者霧社蕃の言語」『鳥居龍蔵全集第十一巻』五二八頁
（17）赤澤威・落合一泰・関雄二編『異民族へのまなざし　古写真に刻まれたモンゴロイド』東京大学出版会、五頁
（18）「東部台湾における各蕃族及び其分布」『鳥居龍蔵全集第十一巻』四六八頁
（19）同前『鳥居龍蔵全集第十一巻』四六九頁
（20）「埔里社方面にて調査せし人類学的事項」『鳥居龍蔵全集第十一巻』五二六頁

接木の王国

アカ族から新嘗祭へ

インドシナ半島の鳥居

中国の上海から揚子江をさかのぼって、ずっとずっと上流へ大陸をわけ入っていくと、いつしかインドシナ半島のつけ根とでもいうべき、深い森の境域に入っていくことになる。

中国の雲南省、タイ、ベトナム、ラオス、ミャンマー、インドの国境がせめぎ合う、少数民族が多く住む地域である。人類学者の鳥越憲三郎によれば、雲南の高原盆地から東南アジアの山岳地帯にかけて、有史以前から「倭人」と呼ばれる人たちが住んでいた。彼らは畑作と土間式住居を特徴とするまわりの漢民族や他のアジア民族とは一線を画し、新石器時代には、水田農法による稲作文化と高床式住居の独特の生活スタイルをもっていた。日本列島に稲作をもたらしたこの倭人は、紀元前千年あたりの中国の歴史書にもすでに登場している。この雲南から揚子江上流の地域に発祥したとみられる人々のことを、鳥越は総称して「倭族」と表現している。タイ北部とミャンマー国境の近くに住む山岳民族のアカ族も、そんな倭族のひとつである。

乾季で雨の少ない二月の末に、わたしはタイのチェンライ市の街中から二〇キロほど離れたメーサーイ郡に調査のために入った。ミャンマーと国境を接する山深い地域であり、アカ族のほかにもラフ族、リス族、カレン族、ヤオ族、パローン族などの村が隣接してある有数の少数民族地帯である。村から村へと聞きとり調査をしていて印象的だったのは、せまい地域にかたまって暮らしているように見える少数民族の人たちが、それぞれ独自の言葉を使っていたことだ。そのために、異なる部族の老年者のあいだでは互いに意思を疎通することがむずかしく、共通語としてのタイ語でやりとりをしなくてはならない。ところが年寄りは部族語しか話さない人も多いので、タイ語の通訳者のほかに、部族の若い人にあいだに入ってもらう局面もしばしばあった。

アカ族はもともと中国の雲南省に暮らしていたのが、戦争やさまざまな要因によって次第に南下してきて、ラオス、ミャンマー、タイに移動してきたと考えられている。ウィチット・クナーウット監督が撮った『山の民』（一九七九年）というタイ映画は、まさにこのミャンマーとタイの国境地域の少数民族の地域を舞台にしている。アカ族の女性には、華やかな民族衣裳を手づくりで編むフォークアートの担い手が多い。そのほかにもいくつかの珍しい習俗が残っており、そのひとつが独特のアニミズムの宇宙観から、双子が生まれることを凶兆としてタブー視していることである。以前、アカ族では双子が生まれると即座に殺して、その両親を村から追放していた。映画『山の民』は、まさにこの双子殺しをテーマにした映画である。ミャンマー側のシャン州で年若い夫婦が双子を生み、アカ族の村を追われることになる。妻のほうは川で溺死してしまうが、夫はタイ側をさまよい歩き、アヘン商人に迫害されたりヤオ族の人たちに助けられたりしながら旅をつづけ、広い外の世界を見聞して、ついにはラフ族の村に新し

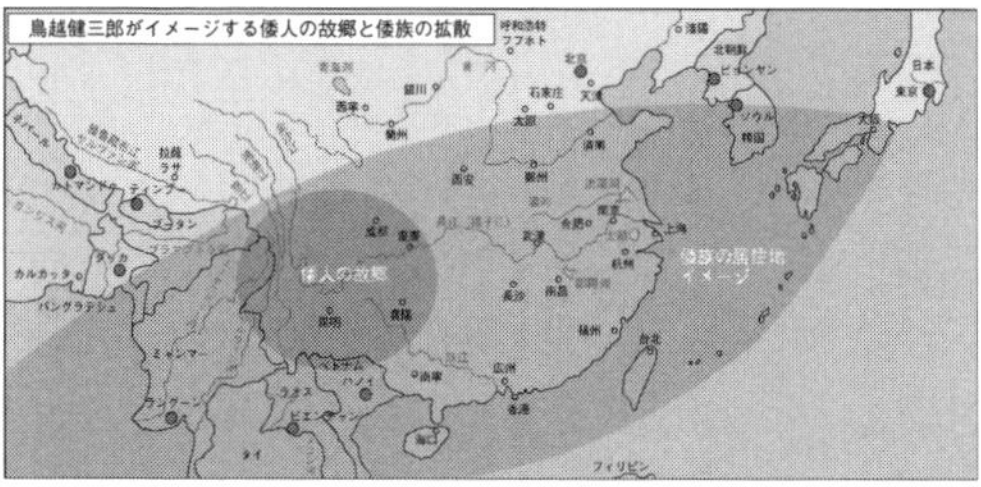

鳥越憲三郎がイメージする倭族の地図

い妻とともに家を建てることになるという筋書きである。

わたしが訪れた一五〇人ほどが暮らすアデュ村では、アカ族に特徴的な習俗である鳥居を見ることができた。書物から学んだ伝統的な風習が、いまなおその場所で脈々と息づいている姿を目撃するときほど興奮する瞬間もない。この村では、入り口と出口に鳥居の原形である木の門を立てていた。それは「美しい門」という意味でエーム・ロコーン、あるいはただ単にロコーンと呼ばれる。二本の丸太を垂直にして柱とし、その上に笠木となる角材を一本横にわたして、鳥居と同じように笠木の両端を尖らせていた。「形式で異なるのは、鳥居が笠木の下に貫《ぬき》を通しているのに、この門には笠木しかないことである。鳥居に貫があるのは、恒久的施設とするための補強にすぎない。アカ族の門は毎年取り替えるので貫を必要としない」のだと、同じくアカ族の村を調査したことのある鳥越憲三郎は著書のなかで説明している。[1]

アカ族の「鳥居」エーム・ロコーン（筆者撮影）

アデュ村では五十九歳のナナさんという女性に話を聞くことができた。

「村のなかにも、森のなかにも精霊《ネー》naeはいるわ。でも、ときどき悪い精霊《ネー・マムー》nae mamerが入ってきて、村のなかで悪さをするのよ」

「悪霊が村に侵入してくると、どのようなことが起きるんですか」

「それは大変なことね。病気が流行って人が死んだり、健康だった人が突然ケガをしたりすることになる。だから、村の入口と出口に門《ロコーン》を立てて、悪霊が入ってこないように良い精霊に見張っていてもらうのよ」

ナナさんはそういって、門の笠木の上にとまっている数羽の木彫りの鳥を指さした。

これらの鳥はノクンと呼ばれ、精霊の乗りものとされている。天から精霊が鳥に乗って門の上へおりてきて、笠木の上から悪霊が村に侵入しないように見張ってくれるのだ。だから、字義どおり「鳥居」なのである。鳥越憲三郎は、このアカ族の門が日本列島に見られる鳥居の原形だと考えていた。彼によれば、同じ地域に住むカレン族の村には、鳥居の笠木に竹をうすく剥いだものを輪にして連ねた「注連縄」を吊るす風習もある。カレン族はそれを素朴に「竹丸《ピータ》」と呼ぶ。古くは中国の楚に住んでいた倭族が、葦でつくった注連縄を「葦索」や「絞索」と呼び、悪鬼が近寄らないための呪具として使ったものらしい。わたしはアカ族の門にも、それと非常に似たものを見つけることができた。

日本の神社信仰における注連縄は、神域の結界を示したり、神が宿っている印に使われたりするが、アカ族や雲南のラワ族やラフ族では、村に近づく悪霊をおどすための鬼の目だと考えられている。もうひとつ、アカ族には鳥居の二本の柱の根もとに、それぞれ性器の大きさが誇張された木製の男女の祖先の像をおく風習がある。わたしがアカ族の村で見ることになった祖先の像は、想像していたよりも大きさがまちまちであったが、男の像でも女の像でもその性器が強調されて

アカ族の祖先像（筆者撮影）

いることは共通していた。祖先の像であるから丁重に扱われているのかと思いきや、森のなかの門のそばに雨ざらしだったことが印象に残っている。鳥居は毎年新調するが古い鳥居はそのまま放っておかれるので、鳥居のまわりには何重にも古びて朽ちた鳥居が立っているという具合である。

おもしろいことに、鳥越憲三郎はアカ族の鳥居や祖先の像、カレン族の注連縄と、奈良の奥飛鳥にある稲渕集落や栢森《かやのもり》集落の「勧請縄」とを比較民族学的に検証している。奈良や滋賀や三重で見られる勧請縄は、村の出入り口に魔よけの注連縄を張り、そこに竹でつくった鬼の目の呪具をつけるものだが、奥飛鳥では男根をかたどったものと女陰をかたどったものを、それぞれぶら下げる風習があるのだ。

アカ族の村の門の根もとに、性器を強調した祖先像をおくことは既述したが、栢森の注連縄に同じ流れが認められるのである。いうまでもなく栢森では、類感呪術による農作物の豊饒を意識してのものであるが、作り物としての男女の性器を吊るのは、かつて男女の祖先像をおいたアカ族の習俗に遡ることができるものであろう。しかも、わが国では性的表現を道祖神にみるのであるが、注連縄を張り渡した道の所に、自然石の道祖神が祀られているのである。[2]

こうして、中国の雲南省からインドシナ半島へといたる地域の少数民族と、日本列島における習俗やアニミズム的な宇宙観にさまざまな符合を見つけた鳥越憲三郎は、倭族が「稲作を伴って日本列島に渡来した倭人、つまり弥生人と呼ばれた日本人のルーツ」のひとつではないかと考えるにいたった。鳥越がその著書『原弥生人の渡来』や『倭族から日本人へ』で展開した、この仮説を簡単に振りかえっておこう。かつて倭族は雲南を中心にいくつもの王国をもったが、その一部は揚子江をたどって東方へ移動し、縄文時代後期に稲作文化をともなって朝鮮半島を通って日本列島へと渡った。また、インドシナ半島を南下して王国を築いた一団もあり、たびかさなる政変で山岳地帯へと逃げこみ、少数民族になった倭族もいた。これらの倭族を特徴づけるのが、水田農法による稲作文化と高床式の住居、そして少数民族の家屋と日本の神社の屋根に共通する千木組みの建築様式である。大阪の池上遺跡からはアカ族の鳥居を思わせる弥生時代の木彫りの鳥が出土され、両者には注連縄、勧請縄、貫頭衣、下駄、ワラジなどにおける類似性もある。鳥越は著書『原弥生人の渡来』において考古学的な考証や歴史文献、人類学的なフィールドワークをつかってこの倭族の移動の歴史を詳述している。

雲南省の周辺に発祥したという「倭族」と、日本列島に住んでいた「倭人」におけるさまざまな符合はいったい何を意味するのだろうか。鳥越憲三郎が指摘するように、邪馬台国や大和朝廷をつくったのが大陸から渡ってきた倭族だったというのか。わたしたちにとっては、倭族説が真でも偽でもどちらでも構わない。それよりもここで確認しておきたいのは、アカ族やカレン族の鳥居や注連縄のような呪術的な風習が、ルーツなのか平行現象なのか定かではないが、かつては日本列島にも確かにあったということである。鳥越が紹介している雲南やインドシナ半島で見られる古俗は、わたしたちにとって、神道や神社といったかたちに整備される前の列島におけるアニミズムがこんなふうだったのではないか、と想像させてくれる独特の懐かしさをもっているのだ。

グラフト国家の起源

よく知られているように、『共同幻想論』における吉本隆明は、民俗学の『遠野物語』と神話的資料の典型としての『古事記』のふたつに考察の対象をしぼって論を進めている。ここで吉本が生みだした方法は、未開的な共同幻想の層のうえに国家のはじまりを物語る共同幻想の層を重ねあわせて、そこへ縦にクリアカットの切断面を入れて、接合面における相互作用をつぶさに解析してみせるといった作業である。それを歴史的な時間軸におきかえれば、三千年か四千年のあいだ群立状態で存在していた小さなクニや国の有史以前の時代と、ここ千数百年続いている大和朝廷以降の国家における有史時代のつなぎ目の観察ということになるだろう。空間的な広がりでいえば、朝鮮半島の騎馬民族、あるいは九州か畿内の豪族が勢力を拡大して、天皇の王権として国家の中央に出てくる前後の考察ということになるか。実際には、歴史的にも地理的にも非農耕社会と農耕社会の要素はまだら状に混じりあい、きれいに切りわけることなどできないのだが、吉本は理論としてそれがいえればいい、事実であるか否かは問わないという留保をしている。

　吉本隆明は『共同幻想論』の巻末をしめくくる「起源論」において、列島を記述した最古の歴史資料である『三国志』の「魏志倭人伝」と照合しながら、『古事記』神話の編者たちの作為を読みとこうとしている。「魏志倭人伝」によれば、三世紀ごろの日本列島には百余の国があり、大陸と外交交渉を持っていてはっきりと存在が知られていたのは、そのうちの三〇国であったとされる。吉本は「魏志倭人伝」に記された「対馬国大官卑狗《ヒク》副官卑奴母離《ヒヌモリ》」「邪馬台国官伊支馬《イキマ》副弥馬《ミマ》升《ツ》」といった、それぞれの国を統治する者の官名と『古事記』の初期天皇の名前を比較することで、歴史的な面と神話的な面をななめに接合してみせる。

> たとえば「卑狗」はたぶん『古事記』などの〈毘古〉、〈日子〉などと同義の表音であり、卑奴母離は〈夷守《ヒナモリ》〉と同義の表音ともかんがえられる。あるいは逆に、このような魏志の記載にのっとって、たとえばカムヤトイハレヒコノミコト（神倭伊波礼毘古命）という神武の和名がつくりあげられたというべきかもしれない。（……）おなじように「弥馬弁」はミマツヒコカエシネノミコト（御真津子訶悪志泥命）という考昭天皇の和名と無矛盾であり、おな

じく「弥馬獲支」はたとえばミマキイリヒコイニエノミコト（御真木入日子印恵命）という崇神天皇の和名と無矛盾である。〔3〕

これらの擬定された初期天皇が、それぞれ邪馬台国的な段階の〈国家〉の〈ヒコ〉、〈ミミ〉、〈ワケ〉などの官職を受けついだ豪族の出身であったとはいえないが、かれらの呼び名をこの三種からとっていることは、すくなくとも官制としての〈ヒコ〉や〈ミミ〉や〈ワケ〉が『古事記』の編者たちにとって、かれらの先祖たちに与えうる最高の権力にひとしいものであったとかんがえることはできる。〔4〕

吉本隆明は「無矛盾である」というにとどめて、これらの初期天皇が実際の国家群の官にあったのだとも、「魏志倭人伝」の官命からでっち上げられた架空の天皇なのだとも言い切ってはいない。ここでは、『古事記』のなかにある神代の層と歴史時代の層の見分けがつけばよい。つまり、大和朝廷の成立後に『古事記』の編纂をした者たちが、自分たちの天皇勢力の正統性を示すために、それ以前の邪馬台国的な要素をみずからの歴史神話のなかに取り入れようとしたということが了解されればいいのだ。吉本は別の場所で、このようなモチーフについて「古代と古代以前とのつなぎ目のところをうまく掘っていきますと、存外（天皇制が）無化される要素が出てくるんじゃないかな、ということを考えてきたように思います」と語っている。〔5〕

古代以前と古代、縄文時代と弥生時代、先住民族と倭人、邪馬台国的なクニと大和朝廷の統一国家、『古事記』の神代篇とそれ以降の有史時代。それらのつなぎ目を考察することは、考古学や歴史学、神話学や人類学的な興味からはあまり意味をもたないかもしれない。しかし反対に、吉本隆明にしてみれば、天皇の氏族が朝鮮半島からやってこようが北九州からこようが、畿内の豪族のひとつであろうが、どうでもいいのだ。天皇制の正統性を主張しようとする『古事記』の編者たちが、作為にみちた「神代篇」によっておおい隠そうとした、古代以前の列島のあり様を描出しなおすことができればいい。それは「大陸との混血は著しいわけですし、また南方的要素をとってくれば、南支那の沿海とか、東南アジアとかインドネシアとの混血が著しいわけですし、その混血の仕方も相当古くまでさかのぼることができるわけです。そうすると種族としての日本人は、決して純血種でもなんでもないわけで、別な意味でいえば、世界でいちばん混血の著しい人種」だといえるこの列島の多民族性である。[6] 多民族ということを具体的にいえば、古代以前から列島に住んでおり、ムラやクニをつくっていたが、天皇氏族との関係において蝦夷、土蜘蛛、国巣、佐伯、隼人、熊襲と呼ばれ、少数民族の地位へと追いやられていった住人たちのことである。

たかが千数百年ほどつづいているにすぎない天皇制よりも以前に、無数のムラがあり、さまざまな百以上ものクニがあり、縄文系、北方系、倭人、南方系など多種多様な人々がこの列島に住んでいたと考えるほうが自然である。先に住んでいたという意味では、何千年ものあいだ縄文系の人たちのほうこそ主役であったといえる。しかし大きな問題は、後からやってきた者たち、後から勃興した者たちのグループが、先住者たちを屈服させて支配を確立するときに、すでに先住者のなかにあった彼らの古い宗教や民俗や風習を周到に取りこんで、自分たちのもののようにして制度化していったことにあるのだと吉本は考える。

吉本隆明の考えによれば、後からやってきた天皇の氏族は、先住者が絶対的に帰依できるような対象をうまく利用する必要があった。『古事記』の編者たちは、それ以前に列島中にあまねく広がっていた祖霊崇拝やアニミズムなどの遺制をならし、国の創生譚という「たったひとつの神話」でそれらを天皇の王権に対する信仰へと集約しようとした（ここでは深く立ち入らないが、その成立過程において『古事記』は『日本書紀』に比べて天皇の神格化と万世一系をねがう性質がつよく出ているとされる）。つまり『古事記』は天皇のグループの創作ではなく、縄文時代や弥生時代から一万年以上ものあいだ、日本列島に住んでいた人々の無文字時代の韻文の語りや神話がその源にあるというのだ。だから、古代以前から伝わる神話群と天皇を中心とする新しい神話の継ぎ目を見えなくすることが、『古事記』の編者たちが技術的な粋をこらした部分だったのである。

具体的に考えてみよう。薩摩半島や大隅半島に住んでいたとされる民族に「隼人」があるが、そこに伝わる海幸山幸神話は、兄にいじわるをされた弟が海神のアドバイスを受けて兄を屈服させるという、兄と弟の物語にすぎなかった。それが『古事記』に収載されるころには、弟（山幸彦）は天皇氏族の始祖に、兄（海幸彦）は隼人へと変換されて、天皇氏族が異民族の支配を確立したときの物語にすりかわっている。『古事記の起源』の著者である工藤隆の指摘によれば、『古事記』

では兄弟の母がカムアタツヒメとなっており、「神、阿多都、姫」とはすなわち隼人の都「阿多」（現在のさつま市）の女神という意味であるため、山幸彦の孫にあたる神武天皇は少数民族の隼人の血統が混じった混血ということになる。「このように、隼人族は、天皇氏族の系譜との関係では名誉ある地位を占めているのだが、政治的実態としては敗北者だから、海幸山幸神話では、勝者である弟（山幸彦＝天皇氏族）に向かって「私はこれから以降は、あなたの昼夜の守護人となってお仕え申し上げます」と言って、屈服する役柄を与えられた」。[7]こうして、八世紀前半まで南九州で反乱をくり返していた隼人族の無文字時代の神話は、『古事記』という神話のなかへ取りこまれてしまった。インドネシアの周辺にこれと類似した神話が多いことから、工藤はこの海幸山幸神話の原型が、紀元前の縄文時代に日本列島に到来したのではないかと推測している。

このように『古事記』のような神話を編纂する者には、どのような編集をすることも許されている。登場人物、ストーリーの進め方、エピソードをどのようにならべるか、プロットをどのように接合するのか。時間的・空間的な矛盾、ほかの神話からの借用や寄せ集めなど、すべてが神話の編纂者の手にまかされている。神話における物語が、歴史的な事実や事件を象徴しているなどとは考えない方がいい。それよりも、わたしたちはそのような文章によって、神話の編者たちが何をどのように思わせようとしたかったのか、その企図の部分に批評のメスを入れる必要がある。そのようにいえば、「歴史」はすでに単線的に進行するものなどではあり得なく、ある程度進んでは時代の支配者によって書きかえられ、少し繁茂しては剪定される植木のように、よく見れば複雑な切れ目と継ぎ目を重ねているものだといえるだろう。

吉本隆明ならこんなふうにいうかもしれない。弥生時代から古墳時代にかけての王権がどのようなものであったかといえば、それは「生き神様」のような制度だったのではないか、と。長野県の諏訪地方には、ひとりの宗教的な生き神様が周囲の地域を巡行して歩き、彼の類縁の男性がその地域を政治的に治めていたという例がある。あるいは瀬戸内海における河野水軍のような共同体では、兄の方が宗教的な生き神様であり、弟の方がその地方を治めるという制度をもっていた。宗教的な指導者と政治的な指導者をわけて、二重の権威によって治めていたのだ。「初期の天皇制もそれと大して変わりばえのしない面と、それから母系制で女性が宗教的で、その兄弟が政治的権力をもつ面と、その両方がきわめて曖昧に結びついていたように思います」と吉本は語っている。[8] これをふたたび『古事記』の話題にもどすと、どうなるのか。

魏志の記載では、邪馬台の宗教的な王権は、卑弥呼という巫女の手に掌握されている。そしてその〈弟王〉が政治的な権力を行使している。この権力形態は、規模の大小を問わなければ、氏族的（前氏族的）な共同体から最初の部族的な共同体（始原国家）に移行した段階、あるいはこういう移行とは別個の理由で部族的な〈国家〉が何らかの理由で発生した当初の段階まで遡ることができよう。『古事記』の神代篇は、〈アマテラス〉と〈スサノオ〉は土着の水稲耕作部族の最大の始祖に擬定されている。そしてこの二人は〈姉〉と〈弟〉の関係にあると作為されている。この作為は『古事記』の編者たちの勢力が、魏志の邪馬台国家をモデルにして創りあげたか、そのような伝承が流布されていたのを拾いあげたものかは確定することはできない。[9]

ここまできて、『古事記』の編纂者たちがその作為によって「歴史」のなかに「神話」をすべり込ませようとした接合面が、吉本隆明の入れた切れ目によって姿をあらわすことになる。『古事記』をみれば、母系制社会の名残りがみられるアマテラスとスサノオらの神話時代と、父系制をもっている歴史時代の天皇とのあいだにズレを見いだすことができる。このズレはどうやってできたのか。ひとつの氏族国家や部族国家が、それなりの地域を統合していたとする。そこへまったく別の勢力がやってきて、横あいからその国家を奪ってしまい、すでに成立していた国家を掌握してしまう。ある木が生えているところに幹や枝を切って、その切断面に別の種類の木をゆわえておく。そうするとたがいに接着して、後から接木《つぎき》したほうの木が本筋みたいになってしまうことがある。吉本隆明はそのような「接木」が、国家においても可能なのだという。吉本は、その作用のことを「グラフト graft」という言葉で説明する。

われわれの国家観念の中には、人民が長い歴史をもってそこに住みつき、いろいろな風俗、習慣を強固にもっている。そしてその共同性が上へ上へと展開進化し、高度に洗練されていって、統一国家を成立せしめるという観念が無意識のうちにあるのです。しかし必ずしもそうとは限りません。〈木に竹をつぐ〉ということばがありますが、まったくもとの木とは関係なく、横あいからきて、もとの木の群れを掌握し、統一させることが可能です。種族が異なり、言語が異なり、風俗、習慣が異なるものが、いきなり横あいからパッときて、ある国家を掌握し、統一することが可能なのです。そういう〈接木〉で出来あがった国家を仮りに〈グラフト国家〉と呼ぶとしますと、そういう国家は理論的にはありうるのです。それこそ個々具体的に検証しなければなりませんが、そういう国家のほうが人間の歴史には多いのではないかともおもわれます。[10]

吉本隆明が「グラフト国家」と呼ぶものは、ある種の王権や支配層だけが首をすげかえて、それまで存在していた国や共同体の長に座る王権交代によってできるものだといっていいだろう。そのときに何が起こるかというと、新しくやってきた王権はそれ以前の共同体にあった宗教的、文化的、民俗的な中心にからみついて吸着し、自分たちの体内にそれを吸いとり、その養分を巧みに自分のものとして血肉化するのである。その「接木《グラフト》」の作業が終わると一体どうなるのか。接木をした部分が、そうだとわからないくらい滑らかにつなぎ合わされて、新しい王権はあたかも自分たちが遠い昔から、その正統な権力を掌握してきたかのように擬態《カモフラージュ》することが可能となるのだ。

『古事記』における神話時代と歴史時代における王権のあいだには、実際には過渡的な長い空白の時代があったにちがいない。そこで吉本隆明は、アマテラスやスサノオに代表される神話時代の支配者と、有史に入ってからの歴史的な天皇制の時代は、実はまったく異なる勢力によって形成されたものであり、まさに『古事記』のような神話があとの時代になってから、このふたつを接木したのだと考える。『古事記』に集められた神話や言い伝えは編者たちの創作ではなく、それ以前から伝わる、さまざまに謡われてきた語り部の物語や口承文学を多くふくんでいる。それらを『古事記』の編纂者たちは、ひとつの方向へと編集していった。

その接木をする実際の作業工程は、『古事記の起源』の著者である工藤隆によれば、次のようなものであったと考えられる。七世紀の初頭には、大和朝廷で文献資料の編纂事業がはじまっており、元明天皇に編纂を命じられた中央の太安万侶《おおのやすまろ》とそのほかの官僚知識人たちは、すでに資料集積所にあつめられて、漢字で記録された神話や物語の資料を読んでいた。また、稗田阿礼《ひえだのあれ》のような天才的な記憶術の持ち主が長年にわたって、列島のさまざまな民族に伝わる神歌や口承文学の音声を、現代でいえば録音に近いような形で記憶していた。『古事記』の編纂者たちは、それらを机の上にならべて取捨選択し、天皇を神格化するための「たったひとつの神話」を編んでいった。それは、天地開闢から呪術的な神々の時代を経て、天皇の権力へといたるまでを一本の幹のようにつなぎ合わせ、さまざまに繁茂する神話の枝葉を剪定し、後世の人々がひとつの歴史書として読めるような神話を創作（捏造）することだったのである。

農耕国家の呪術的な起源

それにしても、天皇という存在は不思議なものである。千数百年のあいだ続いてきた島国の王権であるのだが、直接的に政治権力に関わっていた時期はそう長くない。そのかわりに、権力を掌握したものは、天皇の「権威」を、権力をふるうための護符として使ってきた。そして、政治権力の中枢がどのようなものに変わろうとも、ある種の畏怖心をもって、天皇を名目的な最高権威として扱わなかったものはほとんどいなかった。吉本隆明はそれを「宗教としての天皇制」と呼ぶのだが、それは宗教でありながら、そうとは意識させない空気感でもあり、社会規範に近いものになっている。わたしたちが事あるごとに神社へお参りにいくのに、むしろそれを宗教だと意識している人は少なく、ほとんど慣習に近いところにとどまるように安定した状態を保っているのと似ている。

その一方で、現代社会に暮らす人間にとって、日本の古典文化や、文字で残された文献といったものをたどっていくと、どうしても奈良・平安時代以降の天皇家を中心とした文化遺産へと収斂していってしまうところがある。あるいは、素朴な祖先崇拝のような感情ひとつをとってみても、世代的に時間をさかのぼっていくと、万世一系の天皇というものに行き着くような幻想がいまだ残っていなくもない。そうやって宗教的で文化的な源泉として、天皇という存在は祀りあげられてきた。天皇はそのヒエラルキーの頂点に戴かれながら、同時に京都の御所や東京の皇居といった場所に隔離される存在であり、ロラン・バルトはそれを空虚の中心であり、零度の記号といったのだが、吉本隆明は少しちがった切り口でそれを見ていたようだ。

東京の真ん中に皇居の領域があるわけですが、その領域の中はなんなんだといったら、いわゆる農耕国家の象徴を保っているところだと、ぼくだったら云います。文明が発達して、東京がどんなに世界都市に移行しつつあるとしても、農耕国家の起源を保存した、象徴にしてかつ架空の王国があの中にはある。だから天皇は、あの中で、春になると田植えをし、秋になると稲の刈り入れをし、神様にそれを捧げ、それをじぶんたちが食べてやっている。それから、そこで行われている婚礼の儀式とかも、母系社会の名残りである婿入婚のやり方をちゃんとやっている。あの中だけで、ひとつの架空の農耕社会の王国の象徴というものを保存している。[11]

ここでは、農耕社会の王国というよりも、水稲社会の王国といった方がぴったりとくるかもしれない。いうまでもなく稲作社会において重要な時節は、稲の種をまくときと収穫をするときであり、この時季になると、アジア中のどこでも祭儀や儀礼をおこなう習俗がみられる。鳥越憲三郎の著書『雲南からの道』によれば、インドシナ半島のアカ族が、あの鳥居の原形といわれる村の出入り口の門《ロコーン》を建てかえるのは、まさに四月に種をまくときの儀礼としてであるという。そして鎮守の森とでもいえそうな「聖林」のなかに、神が降臨するための小屋を新築して供物をささげる。その一方で、稲刈りのときになると、次のような収穫の儀礼をおこなう。

アカ族では稲刈りの前に、畑から稲穂三本を抜き取って家に持ち帰る。それを竹筒に入れ、家の神の鎮まるアピボロという柱に近く、女部屋の側の垂木に縛りつけ、鶏肉・卵・御飯・茶・酒を供える。その数日後に、全戸が正式に稲刈りをする。そして村長とジャジャマ（女性の呪術師）の家では、儀礼用の種籾をヒョウタンに入れ、各戸でも大きな竹篭に種籾を入れて、ともに女部屋におく。アカ族だけが男部屋と女部屋に分かれているが、種籾を女部屋におくのは、女性が生み出す力をもつからである。その篭には主婦のほか誰も触れることはできない。[12]

ここでいうアカ族の村長とは呪術師のことである。わたしが訪問した村では、男性の呪術師のことをジャマと呼んでいた。稲についてもそうだが、アカ族の伝統的な家では屋根を稲刈りのあとの藁でふき、竹で壁をつくるので、村を歩いているととても懐かしい気持ちになる。このようなヒョウタンの使い方にしても、あるいはタレーと呼ばれる竹でつくった飾り物にしても、あらゆるものが日本列島の植生と似た素材でつくられているので、まるで昔の日本の農村に迷いこんだかのようなめまいをおぼえることがある。

であるから、鳥越憲三郎がこのアカ族の稲刈りのときの儀礼を、日本列島における神嘗祭との比較で考えることもよく理解できる。ジャマは女性の呪術師とともに種籾をヒョウタンに入れて女部屋におき、刈られたことで死んでしまった穀霊を復活させるための呪術的行為をおこなうのだ。刈り入れ前にわずかな稲穂をつんできて、それを家の神に供えるという習俗は、伊勢神宮において五穀豊穣の感謝のために、初穂をアマテラス大神に奉納する神嘗祭とよく似ている。アカ族の女部屋と伊勢神宮という照応も興味ぶかい。さらにこの復活儀礼のあと、呪術師である村長が最初に稲刈りをした家にいき、その新米を食べるという行為がある。これは神との共食を意味しており、新穀を天皇がみずから食す収穫儀礼の新嘗祭にそっくりである。この神嘗祭と新嘗祭によく似た習俗が、アカ族のほかにもリス族、ラフ族、カレン族で見られるのだ。鳥越によれば、中国では新穀を神に供えて天子みずからが食べることを「嘗新」といった。ミャンマーのワ族では、初穂刈りのときに稲の神を迎えて次のように唱えるという。

稲の神さま、粟の神さま、蕎麦の神さま、それぞれの穀物の神さま、あなた方によって、わたしたちは腹いっぱい食べることができます。わたしたちはあなた方を胸にしっかり抱きしめたいと思います。あなたたちの父や母は、わたしの倉の中におられます。あなたたちを家に迎えるために来ました。どうかわたしの家に帰ってきて下さい。途中で誰かに会っても避けて、わたしの家の倉の中に帰って下さい。[13]

吉本隆明は『共同幻想論』に収録された「祭儀論」のなかで、中国の雲南やインドシナ半島の少数民族におけるこのような収穫儀礼とよく似た、奥能登地方にみられる田の神行事「アエノコト」を紹介している。この行事では、夕方になると、家の主人が正装をして田んぼまで迎えにいき、田の神を家まで案内して迎え入れる。このとき、田の神は目に見えないのだが、それが目の前にいるように主人は演じる。田の神に風呂へ入って頂いてから、床の間にしつらえた祭壇へと招いて、山盛りの飯や数々の料理二膳分と酒でもてなす。特に魚を二匹腹合わせにしたものと、大根は欠くことができないとされている（余談であるが、新潟県の山間地にある南魚沼の正月行事において、同じように魚や野菜を二組ずつにして家の神にお供えするところを観察したことがある）。そして少し時間が経ったあと、供えた食べ物はおさがりとして主人夫婦が食べて、残りを家中のものが食べる。こうして「饗《アエ》の祭《コト》」が終わると、その日から田の神が家にとどまっていると見なされる。吉本はこのアエノコト神事について、次のような注釈をつけている。

奥能登のアエノコト神事（『日本大百科全書（ニッポニカ）』小学館より）

「二匹腹合せ」の魚や「大根」（二股大根）は、いわば一対の男女の〈性〉的な行為の象徴であり、穀神は「夫婦神」として座敷にむかえられる。／ここでは夫婦である穀神は〈家〉に迎えられて〈性〉的な行為の象徴を演じ、その呪力は御供物を食べた主人夫婦と種籾にふきこまれる。夫婦の穀神が〈死〉ぬのは、たぶん「若木迎への日」であり、「若木」は穀神のうみだした〈子〉を象徴している。そしてこの〈子〉神が「田打ち」の田にはこばれたとき豊作が約束される機構になっている。[14]

アエノコトで主人が田の神のおさがりを貰うのは、神との共食を意味するのだろうが、興味深いのは吉本隆明が指摘するように、ここに性的なニュアンスが見られることである。インドシナ半島のアカ族の門（鳥居の原形）におかれる祖先の木像が、性器の大きさを強調された男女であることは前述したとおりである。それから奥飛鳥の「勧請縄」でも、男女の性器をかたどったものをそれぞれ門や鳥居のかわりとして、村の入口と出口に縄で吊るす習俗があった。日本列島の民間信仰である道祖神には、男女一対のものや陽石（男性器）と陰石（女性器）のかたちをしたものがあり、賽の神は「性の神」だという説もあるくらいである。おそらく性の力による産出力が意味されているのだが、ここではアエノコトに性の象徴が見られることを確認するだけにとどめておく。

吉本隆明が『共同幻想論』において『古事記』と対置するように柳田國男の『遠野物語』をおくのは、それが天皇制に収斂していくことがない、中央とは無縁の常民たちの文化を扱っているからである。吉本のいい方では、それは「雅」に対しての「鄙」であり、田舎っぽい、農村や漁村や離島の、ひなびている、辺鄙な地域における口承による基層文化をさしている。大陸から外来の文化が入ってきて、漢字をかりて表現するようになった文字社会の流れでは、どうしても後発の天皇氏族とそれにまつわる文化に収斂していってしまうきらいがある。しかし、三、四万年くらいの単位で考えてみれば、それ以前の日本列島には延々と無文字社会の時代があって、縄文時代における多種多様な人びとが村落や土器や什器など、それなりに比類のない文化をつくりあげていた。あるいは古代以前のクニや古墳の時代においても、さまざまな先住者たちの集団が数多く存在していたのである。

吉本隆明はみごとな手さばきで、宗教としての天皇制の威力の源泉が、鳥越憲三郎がいうところの「倭族」に特徴的な農耕祭儀である「大嘗祭」にあることを明らかにしていく。大嘗祭は、世襲して即位した天皇が初めておこなう十一月の新嘗祭のことである。この祭儀の主要な部分を簡単に説明しておくと、ひとつには新嘗祭であるから、所定の方位にもうけられた田から初穂をとってきて神に供え、新しく即位した天皇が神と共に食べるという行為がある。これはインドシナ半島の少数民族の穀霊を復活させるための呪術とも共通点があるし、奥能登につたわる田の神行事であるアエノコトともよく似ている。大嘗祭は七世紀ごろに儀式化されたといわれるが、ずっと同じ状態で続いてきたわけではなく、一四世紀ごろには仏教の密教色が強まったり、二百年以上ものあいだ断絶してから一七世紀に復活したり、さまざまな紆余曲折を経ている。いずれにせよ、この部分は農耕祭儀のかなり忠実な模写であって、吉本はこれを古い土着の慣習から天皇勢力の祭儀へと「接木《グラフト》」されたものだと考えている。

出自がすこぶる不明な〈天皇（制）〉の勢力は、世襲的な祭儀の中枢のところで、あたかもじぶんたちが農耕社会の本来的な宗家であるかのような位相で土俗的な農耕祭儀を儀式化したのである。もともと〈天皇（制）〉の勢力が、わが列島に古くから土着している農耕族とかかわりのないものだとすれば、大嘗祭の祭儀において、かれらは農耕祭儀を収奪したということができる。またかれらが農耕をいとなむ地方的な豪族の出身だとすれば、かれらは農耕祭儀をきわめて抽象的なかたちで昇華させたといってよい。異族関係と支配被支配関係とを縫目がわからないほど完璧に消滅させ、即位の祭儀として収奪した仕方はあまりに見事なもので、歴史的な各時代はほとんどこの縫目をみつけだすことができなかった。そしてこのことが祭儀の司掌自体に、最高の〈威力〉をあたえてきた唯一の理由であるとおもえる。[15]

大和朝廷に制圧された先住者の人たちは、自分たちが弥生時代の農耕社会や豪族による古墳時代から信奉してきた農耕祭儀を、新しく首長になった天皇がおこなうようになったのだから、素直に従うしかなかった。反対に天皇のグループからみれば、すでにそこにある宗教的な威力を利用して、あらたに支配下においた多種多様な人びとを統治する必要性があった。首はすげかわっているが、それまでと同じような祭祀をしているのだから、時が経ってしまえば、遠い過去の時代から天皇の氏族がそれをやっているようにも思えてくる。あるいは、その正統性をあとから神話や歴史書が裏づけていく。こうして、この列島において稲作をする人びとがおこなっていた収穫祭や田の神を迎える年中行事は、天皇信仰へと結びつけられることになったのだ。

もうひとつ大きなトピックとして、吉本隆明は大嘗祭のなかにみられる性的な要素に注目している。天皇は世襲するときに悠紀殿と主基殿と呼ばれる建物で儀式をおこなうのだが、これは天皇家に伝わる最大の秘儀とされている。吉本は著書『天皇制の基層』のなかで、大嘗祭を目撃した人が悠紀殿と主基殿というふたつの掘っ立て小屋を見て、「あの悠紀・主基殿という建物は南洋の建物じゃないのか」といったという、昭和天皇の大嘗祭の祭式パンフレットにのっていた逸話を紹介している。なるほど、琉球王国の巫女であるノロ(聞得大君)の継承の儀式のなかにも「オマチオドン」(御待御殿)があり、これは午前三時ごろから、二つの金の枕が用意された部屋で一泊するというものだ。あたらしく任されるノロのための寝具と、もうひとつ神のための寝具が敷かれており、この行為は神との結婚を象徴するのだが、天皇が世襲のためにおこなう行事に、これとよく似たものがあると吉本は指摘する。

悠紀殿・主基殿の中は、寝具が二枚敷かれてあります。(……)やはり、午前三時ごろから天皇は寝具にくるまって寝る行事があります。神との結婚を意味する儀式をやるというのが、世襲大嘗祭の中核にある問題だと思います。神と共に寝るという場合に、神のほうは一体どうするんだということになるわけですが、これは現在のことは知りませんけれど、天皇制統一国家が成立して強固になって以降のこと、つまり平安朝以降になりますけれど、そのころには、諸国の豪族から神に仕える女として娘を献上せしめ——それを采女というわけです——采女を神の代理として、先ほどからのことばでいえば、現実的・具体的性行為を行った時期があったと思います。采女を諸国から献上せしめるということの中に、ある支配性、人質的要素があるわけです。[16]

大嘗祭のこの部分にはまさに諸説があり、西郷信綱は、天皇が寝具にくるまる行為が胎児として穀霊に化するとともに、アマテラスの子として誕生する行為だと解し、折口信夫は、世襲天皇の霊が入魂するのを待つためにひき籠っているのだという。吉本隆明は南島のノロのオマチオドンにひきつけて、神との結婚をするために性行為の模倣をしたのではないかと考える。このときの性的な相手である「神」というのは、アカ族だったら穀神になるだろうし、農村においては田の神であろうし、天皇では穀霊であるとともに宗教的な祖霊ということになるのだろう。それぞれの家で家長がおこなってきたアエノコトや、それぞれのムラやクニの長がになってきた「神と共食する行為」は、それぞれのレベルの共同体において宗教的な権威を発揮してきたのだが、その上にすっぽりと天皇による大嘗祭の儀式がかぶさって「接木」したというのだ。

古代の天皇の氏族は、日本列島の各地へ侵攻して領地を増やし、さまざまな先住者たちを支配下におくたびに、宗教的な行事のなかにさまざまな要素を加えていった。そして、それを高度に細分化された儀式にまで洗練していくと同時に、秘儀化することで、その権威が発する力を高めていった。かくして、天皇氏族による「接木の王国」は完成された。古代の列島に住んでいる多種多様な人たちが、自分の家の祖霊を崇拝する先にも、村の長や年長者がおこなう農耕社会的な年中行事の先にも、ぼんやりと宗教的権威としての祭祀王の影がちらつくようになった。この列島において花鳥風月をめでたり、四季や風土に愛着を感じたりするとき、それは列島の住民らしい美意識や感性だということができる。それは数千年から一万年という単位で培われてきた感性であって、そこに後から「接木」されたものを見分けるくらいの眼は持っていたいものだ。

ところで、人間と神との接触において性的な喩がつかわれるのは、アカ族の祖先像や奥飛鳥の勧請縄にみられるように、あるいは奥能登のアエノコトにおける二匹の魚や二股大根にあるように、それが農耕社会における五穀豊穣を祈願する心根と結びついていたからである。『古事記』『日本書紀』『風土記』などの神話伝承や『万葉集』の東歌からわかる民間習俗では、もともとのニイナメ儀礼の主役は女だった。また、中国南部の原型生存型民族のハニ（哈尼）族やマレーシアなどの水田稲作儀礼では、収穫儀礼の主役は、巫女・主婦などやはり女であり、そこには、翌年の稲の稔りは、今年収穫された稲が〝稲の母〟となって翌年の稲作の〝稲の子〟を出産することで保証されるという考え方が貫かれている」という。[17] 神との結婚や出産のアナロジーで考えられていたのだから、それは性的な喩になるのが当然なのだ。

邪馬台国の卑弥呼のような存在を考えてみても、古代以前には女性が祭祀王であることが多かった。『古事記』には、姉のアマテラスが豊年の初穂を祝うために建てた大嘗《おおにえ》の小屋に、弟のスサノオが闖入して大小便をひりちらして邪魔をするというシーンがある。その結果、アマテラスは天の岩戸にかくれてしまう。吉本隆明流にいえば、この部分には姉（女性）が宗教的権威として祭祀をつかさどり、弟（男性）が政治をつかさどる古代以前の農耕社会における国家や共同体のあり方がよく出ている。ところが、歴史時代の天皇の勢力はどういうわけか「接木」をする際に、天皇（ほとんどが男性）が五穀豊穣を願う新嘗をおこなうというかたちにして、男女の別をひっくり返してしまった。これでは本来の意がそこなわれてしまうだろう。そのように当初あった精神を喪失して、ただ複雑なシステムの儀式だけが残って形骸化していくのが、「接木」というものの正体なのであろうか。東京の中心にある森のことを吉本が「架空の王国」と呼ぶとき、その「架空」という言葉には、あるいは、奥深いところにある心根や魂をうしなってしまったものという意味が込められていたのかもしれない。

(1)鳥越憲三郎『原弥生人の渡来』角川書店、一九八二年、二六一頁
(2)『原弥生人の渡来』二七五―二七六頁
(3)吉本隆明『改訂新版 共同幻想論』角川書店、一九八二年、二四二―二四三頁
(4)『改訂新版　共同幻想論』二四五頁
(5)網野善彦・吉本隆明・川村湊『歴史としての天皇制』作品社、二〇〇五年、二五頁
(6)吉本隆明「宗教としての天皇制」『敗北の構造　吉本隆明講演集』弓立社、一九七二年、一二頁
(7)工藤隆『古事記の起源』中央公論新社、二〇〇六年、五七頁
(8)吉本隆明著、吉本隆明研究会編『吉本隆明が語る戦後55年〈9〉天皇制と日本人』三交社、二〇〇二年、七頁
(9)『改訂新版　共同幻想論』二五六頁
(10)「南島論　家族・親族・国家の論理」『敗北の構造』四九―五〇頁
(11)吉本隆明「天皇制および日本宗教の諸問題」『信の構造Part3 全天皇制・宗教論集成』春秋社、一九八九年、二一頁
(12)鳥越憲三郎編『雲南からの道 日本人のルーツを探る』講談社、一九八三年、六二頁
(13)鳥越憲三郎『稲作儀礼と首狩り』雄山閣、一九九五年、二〇五頁
(14)『改訂新版 共同幻想論』一四七頁
(15)「天皇および天皇制について」『信の構造Part3 全天皇制・宗教論集成』九八頁
(16)「南島論　家族・親族・国家の論理」『敗北の構造』五六頁
(17)『古事記の起源』二〇六頁

Ⅱ

マイノリティの人類学

悪魔祓い《ウウエポタラ》

映像でよみがえるアイヌの呪術

二風谷アイヌと萱野茂

最初に北海道の二風谷を訪れたのは、もう随分と前のような気がする。それから何度も通うことになっているのだが、やはり初めて旅をしたときの印象が強く残っている。

札幌から苫小牧方面へ車で南下し、湖の手前で道を東へ折れる。海沿いをくだると、沙流川の河口にでた。そのあたりは田畑と川ばかりで方位に自信がなかったが、ときおり川を確認しながら上流を目ざし、平取の町をすぎて二風谷に入った。一見したところ、二風谷は谷にはりつくようにしてあるダムの集落という印象であった。時間の余裕があったので、萱野茂二風谷アイヌ資料館と旧マンロー邸を見学してから、貝澤薫さんが経営する民宿チセにむかった。

貝澤さんは七十歳をこえていたが、アイヌの文化や二風谷の生活誌を次々に披瀝してくれた。山の神さまにお酒をさしあげてから、春はプクサ（ギョウジャニンニク）やノヤ（ヨモギ類）など多彩な山菜をとり、夏から秋にかけては松茸や落葉茸をキノコ狩りするアイヌに独特の食文化。イタドリの茎で天然の笛のおもちゃをつくること、楓から樹液（メープルシロップ）を採取しておやつにする方法。森で遊ぶことが、アイヌの人たちや子育てにとって大切なのだと話してくれた。そうやって、ビデオ撮影をしながら聞き書きをし、二時間もインタビューしたときに、ふと貝澤さんがつぶやいた。

「このままではアイヌはいなくなるよ」

「いなくなる？」

と、わたしは思わず聞きかえした。

「そう。北海道にそんな民族がいたんだなっていう程度になるんじゃないの」

民宿チセからの帰り道、工芸センターの前を通ると、アイヌの男たちがチセづくりをしていた。電気のこぎりで材木を切っては、電動ドライバーとネジを使って手際よく骨組みを組み立てていく姿を、しばらくじっと眺めていた。そのあと、現在は二風谷ダムとなってしまっている沙流川のほとりを歩き、意識して保存しなければ失われてしまう伝承文化のことを思い、言いようのないさびしさをおぼえた。

二風谷アイヌのウウェポタラ（撮影：N・G・マンロー）

一九九七年に完成した二風谷ダムによって、アイヌの聖地の一部は水の底にしずみ、沙流川の川筋は変わり、サケやマスなどの生態系に大きなダメージを与えた。かつてチプサンケやウウェポタラなどの伝承行事は、その川原でおこなわれていたのだ。森や川は多くのカムイ（神）が棲む信仰の源泉であったが、二風谷ダムの建設によって息の根をとめられて、静かな忘却の水に洗われているのだった。わたしは何とかして「映像」という近代に生まれた呪術を使うことによって、カムイの存在を身近に感じていた時代の心根を、自分のほうへたぐり寄せたいと願った。

一九九二年に岡田一男が製作した記録映像『アイヌ 北海道二風谷における悪霊払いの儀礼 ウウェポタラ』のなかで、二風谷アイヌの文化伝承者であった萱野茂は、沙流川の岸辺や完成前のダムのそばを歩きながら次のように語っている。

この沙流川ちゅうのは、総延長一〇四キロほどある。西南から北東にまっすぐ流れてる川で、沙流川右岸は先に、その、日あたり、朝日がさすんで、だいたい左岸より右岸の方は、一週間から十日以上はやく山菜が芽ぶく。それを取って、こっち食べ終わったら、こんど左岸へ渡る。だからどこのアイヌより先に、何と言うんだ、先に山菜を食べることができて、一番おしまいまで食べれる、そういうのが、この川の良さです。

この川もアキアジ（サケ）たくさんのぼったからね、だからここで、アキアジ取って暮らしていた、そういうこと。そして、いまは本当にこういういらないものができて、全く残念なことだ。（……）ウウェポタラやったのはね。いま、川、変わったけど、そのマンロー先生の下の河原、そこですよ。（……）この、位置的にこれ、ポロモイの所だけど、いまもうダムの工事でそのポロモイという、あの崖なくなってしまいました。[1]

この記録映像では、萱野茂の活きた魅力のある語りによって、沙流川がアイヌに山菜やサケをもたらしてくれる自然の恩寵であったことが開陳される。二風谷の地勢を変えてしまうダムの建設は、森や川の生態系を破壊するばかりでなく、二風谷アイヌの生活と文化的な連続性をも根こそぎ奪うものであった。だからこそ二風谷ダムの建設差し止め訴訟という長い労苦のすえに、萱野茂や貝澤正ら地元の人たちは、国の機関にアイヌを先住民族として認めさせて、ダムが違憲だと判断されるまで闘わざるをえなかったのだ。

アイヌ民族の記録映像

わたしは旅からもどって、アイヌ民族をあつかった映画や映像を調べていった。驚いたことに、世界で最初にアイヌの姿を映像でとらえたのは、リュミエール兄弟が日本へ派遣したコンスタン・ジレルというフランス人の映画技師であった。シネマトグラフの誕生から約二年後の一八九七年(明治三十年)という時期に、はやくも映画は日本列島において民族誌的な記録の手段としてつかわれていた。光田由里の研究論文[2]によれば、ジレルは一八九七年一月に神戸に到着し、大阪と京都でシネマトグラフの一般公開の興行をおこなった。これが本邦初の映画上映となった。

そのような上映活動のかたわら、ジレルはリュミエール社の撮影技師として『港での荷下ろし』『家族の食事』『日本の踊り子』『神道の行列』といった列島の風俗をあつかった作品を撮影していく。そのなかでも『蝦夷のアイヌI』『蝦夷のアイヌII』は、彼にとって思い入れのある二本であったようだ。ジレルはその年の十月に船で室蘭の港までいき、そこから鉄道に乗りかえて原生林を二〇里ほど進み、さらに駅から馬に乗って、ようやくアイヌの村にたどり着いた。

私たちはお土産の果物とさつまいも、お菓子を手渡し、通訳はアイヌの人たちとうまく話を進めてくれたので、彼らはよろこんで踊りを披露してくれました。女性だけの「鳥の踊り」と男性だけの戦士の踊りのふたつです。翌日、この美しく気高い威厳に満ちた人たちと別れる時、私たちは胸が痛むような感じがしました。彼らは大和民族に屈して、少しずつだが確実に消え去ろうとしている人たちです。文明と西洋化が野性的なものを凌駕していく、これがまさに生存競争なのでしょう。[3]

『蝦夷のアイヌI』(撮影:コンスタン・ジレル)

コンスタン・ジレルは八月に函館を訪れたが、フランスに帰国する直前の十月に無理をして二度目の北海道行きを決行し、宣教師たちの手助けもあって念願のアイヌの踊りを撮影した。『蝦夷のアイヌI』が、ここでいわれている「男性だけの戦士の踊り」を撮った映像にあたる。四人のアイヌ男性が剣をもった片手を突きだし、集落の家屋の前で、まさに威厳にみちた姿で輪踊りをしている一分にも満たない映像である。どこの村で撮られたのかは判明していない。だが、一二〇年近く前のアイヌの人たちが当時の姿、当時の立ち居振るまいで、動くイメージとして記録されていることに素朴に感動してしまう。

それと同時に、日本の風俗を歴史上初めて映画フィルムにおさめたジレルが、アイヌ民族の姿を撮影することにこだわったのか、そのこと自体も興味ぶかい。明治時代の日本社会においてアイヌの存在が、主流日本人から顧みられる機会は限られていた。その時代にアイヌ民族に関する著述や研究を進めた人物には、イザベラ・バード、ジョン・ミルン、B・H・チェバレン、ジョン・バチェラーといった外国人が多かったこととも、それは関係しているのではないか。

こうしてアイヌ民族は映画の誕生からほどなくして、民族誌映画の対象としてあつかわれることになった。翌一八九八年の夏には大阪で「北海道アイヌ男女の踊り」、名古屋では「北海道土人アイノの熊踊り」と題されてジレルの撮ったフィルムが上映された。[4] 留意しておきたいのは、アイヌを消え去ろうとしている少数民族と考えて同情をよせたジレルにせよ、アイヌを土人として見世物にしようとした日本の興行者にせよ、そこには外側から異族によせるロマン主義的な情緒や、エキゾティックな対象への好奇の視線が存在したことである。

その一方で、日本の側からは一九二五年に、北海道大学の動物学者であった八田三郎が、その年に開催された汎太平洋学術会議にむけて、映画『白老コタン アイヌの生活』を製作している。北海道の白老集落における家事、水汲み、サケの漁、イヨマンテの儀礼までを三五ミリフィルムにおさめた製作予算の規模が比較的大きい作品である。撮影は地元の職業カメラマンによって進められ、アイヌの人たちにふだんの生活を演じてもらう「再現記録」の手法をつかっている。ありのままのアイヌの民俗や儀礼が映像で記録されるまでには、一九三〇年代のニール・ゴードン・マンローの登場を待たなくてはならなかった。

マンローの残した記録映像

スコットランド出身の医師ニール・ゴードン・マンローは一八九一年（明治二十四年）に来日して、半生を日本の先史研究とアイヌ文化研究についやした学者である。横浜や軽井沢で医師として働くかたわら、一九〇四年から一九〇六年にかけて小田原と横浜で貝塚の発掘調査をして、考古学の分野で先駆的な成果をあげている。三ツ沢貝塚では竪穴式住居址と人骨を発掘し、大昔から日本列島の各地にアイヌ民族が住んでいたことを証明しようとした。

その後、アイヌ研究に傾斜していったマンローは、一九三二年から北海道の二風谷に移住した。晩年の十年あまりはその地においてアイヌの人たちに対する無料診療をつづけ、研究と民俗資料の収集をおこなった。その成果は遺稿集『アイヌの信仰とその儀式』にまとめられているが、彼が熱心に記録映画をつくったことはあまり知られていない。彼が撮った映像の特徴は、それ以前のアイヌの記録映像とちがい、マンローが二風谷に定住して長い期間をかけて製作と撮影をしたために、とても珍しいものを含んだ数多くの儀礼を記録したことである。そして、もうひとつの重要な特徴として、撮影対象のアイヌ文化に知悉し、身ぶりの一つひとつまでを研究するマンロー

N・G・マンローたちが撮影したイヨマンテ

自身が製作したので、民族誌的に確度の高い撮影がおこなわれたことがあげられる。

マンローの映画製作は、二風谷に定住する前の一九三〇年頃にはじまり、三〇年代後半までおよんだと考えられている。[5] 一九三〇年十二月に二風谷でおこなわれたイヨマンテ（熊送り）では、マンローは職業カメラマンの協力を要請し、三五ミリと一六ミリフィルムで撮影をしている。その後、マンローが撮影したフィルムがたどった数奇な運命は、内田順子・鈴木由紀が監督したドキュメンタリー『AINU Past and Present マンローのフィルムから見えてくるもの』（二〇〇六年）にくわしい。[6]

そのドキュメンタリーによれば、マンローたちが撮ったイヨマンテのフィルムのプリントは、本国イギリスに送られたもの、北海道大学に寄贈されたもの、ほかの映画製作者の手にわたって『イヨマンテ 秘境と叙情の大地で』（一九六五年）として一般公開されたものへと散逸していった。[7]『イヨマンテ 秘境と叙情の大地で』は熊を解体する場面など、マンロー自身が完成してイギリスに送った版では使わなかったカットを含んでいる。不完全な考証によるナレーションや背景音楽を考慮すれば、製作者たちの意図は透けてみえよう。いずれにせよ、北海道庁が野蛮な風習として禁止したため、イヨマンテの儀礼は昭和に入る頃にはすたれてしまい、その直前に記録されたマンローのフィルムは学術的にも貴重なものとなった。しかしそれは、当事者である二風谷アイヌの人たちには別の熱気でもってむかえられたようだ。一九六五年の上映に立ちあった桑原千代子は報告している。

> ……生活館へ案内されると、定刻前からゴザや座布団持参で大勢の人がつめかけている。映写は小山氏と黒田氏がやってくれた。厚生年金ホールでトムリン氏達と観た時と全く同じ感動に包まれ、マンロー博士とシランペノ長老《エカシ》登場の場面では拍手が鳴り止まない。神《カムイ》からの大切な預かり物として大切に育てた仔熊をカムイに送り返すため、歌を唄いながらタテギネでうばゆりの根をついて団子《シトギ》を作る女達の中に身内の者を見つけ、あれはうちの婆様《フッチ》だとか、イナウを懸命に削り東の窓《ロルンプ》前に祭壇《ヌササン》をしつらえる中年の人を、あれは下の家の爺さまでねえか、また三本の綱をつけて檻から引き出された仔熊に逃げ廻る子供達の中に、幼い日のわが姿や友達を発見して、思わず声をあげて喜ぶ人々の興奮で、会場は異様なまでの熱気に包まれる。〔8〕

このようにマンローが撮ったイヨマンテのフィルムが紆余曲折を経たあとで、一般向けに二風谷アイヌの人たちにも公開された一方で、晩年のマンローが情熱をかたむけた「ウウェポタラ（悪魔祓い）」の映像は、これまであまり観られてきた形跡がない。それは現在、萱野茂の解説を加えて岡田一男が構成した、記録映像『アイヌ 北海道二風谷における悪霊払いの儀礼 ウウェポタラ』のなかに収録された状態で視聴することができる。

ニール・ゴードン・マンローが記録映像に残そうという執念を見せたアイヌのウウェポタラとは、アイヌの人たちに病をもたらす悪霊や悪神を退散させる悪魔祓い exocism の行為のことである。これを記録しようというマンローの取り組みは、一九三〇年から三五年までの長期にわたっている。彼は自分自身で一六ミリフィルムの機材を保有して映像を記録するほかにも、一九三四年の夏と一九三五年の秋には職業的なカメラマンを招いて、三五ミリフィルムによる本格的な撮影をおこなっている〔9〕

〈カムイフチ〉よ、〈イレスカムイ〉（人びとの育ての神）よ。このアイヌの女の健康について申し上げます。女は〈キナシュッカムイ〉の縁続きで身分いやしい蛇に、はげしく取り憑かれております。その蛇は、よこしまな魔力で女の身体を我がものにしてしまいました。もし〈イム〉のために女が話す言葉が女の口から流れ失せてしまうならば、また女のためにお祓いがなされるならば、女は苦しむことなく回復するでしょう。〔10〕

どのようなアイヌの儀式がとりおこなわれるときにも、それは古老《エカシ》がカムイフチ（囲炉裏の火の女神）に祈ることからはじめられる。右はマンローが筆記したその祈りの言葉である。マンローが製作したフィルムに音声はないが、貝澤イソンノシ翁が逆さ削りのイナウを囲炉裏に立ててお祈りをしてから、神さまに捧げるためにそれを火にくべる場面がこのお祈りの場面に相当するだろう。これはマンロー自身が一六ミリフィルムで室内撮影したものであるが、光量が足りずにうす暗い映像になっている。

そのような撮影の失敗の経験があったので、一九三〇年にイヨマンテを撮影するときにマンローは地元のアイヌの協力を得て、撮影のために集落のチセの屋根と、壁の一部を採光用に開けてもらったのである。当時のフィルムは感度が低かったので「照明用の電灯のつけられない状態では、太陽光による採光は、最も妥当な方法」であったと岡田一男は、チセの改造について説明している。[11]そして実際の撮影における技術全般に関しては、職業的なカメラマンにまかせたのだ。

私は、いくつかの生き残っている儀式や多くの呪術宗教的な儀式も含めて、約十五のとても興味深い踊りを撮る手筈を整えたのですが、そのために今、充分に広くて一面半が採光用に開いているアイヌ家屋を一軒建てているところです。映画カメラマンは二十日にここに来るものと思います。[12]

このように、マンローは一九三四年五月十七日の書簡に書いた。いまも二風谷集落に保存されているマンロー邸の洋館は、ダムのすぐ近くにあるのだが、ここでいわれているチセは写真や映画撮影のために、その庭の沙流川の岸辺に近いところに新たに建てられたものであった。イヨマンテを撮影したときから四年後のことだった。マンローが地元のアイヌの人たちにお願いして、ウウェポタラの撮影用に建ててもらったチセは、まるで舞台の書き割りか映画セットのような半断面の家だったのである。ここで実際にさまざまな儀礼がおこなわれたというのだから、二風谷アイヌの人たちとそれを映像で記録しようとするマンローが協力して、沙流川のほとりに新たな信仰的拠点を生みだしたといっても過言ではない。マンローという人が、医師として地元の人たちを無料で治療し、彼らに感謝されるような存在でなければ、そのような協働は可能にならなかっただろう。

悪魔祓いの映像について

それでは、マンローたちが記録したウウェポエタラの映像のなかから、まずアイヌの女性がイム(神経症)になって、頭痛や神経痛や幻覚などに悩まされ、トゥス(霊能者)に診てもらい、悪霊祓いをうける儀礼のシーンを考えてみよう。女性がヒステリー性の神経症などの病気になると、トゥスに診断してもらうことになる。マンローたちが撮影したフィルムでは、囲炉裏の前でイナウを右手首に結わえたトゥスの中年女性が、何やらつぶやき、はげしく体を震わしながらトランス状態に入っていく姿が記録されている。この霊能者の女性は、わたしが二風谷でいろいろとお話をうかがった、民宿チセのオーナーの貝澤薫さんのお祖母さんにあたる方だという。

つづいてトゥスによる託宣の場面がくる。上着を胸まではだけて座っている神経症をわずらった女性が、背後に座ったトゥスの手によって、肩や首や胸のまわりを叩かれる。岡田一男が製作したバージョンの記録映像では「それで色々その託宣、つまりこの人についているのは、こういう化物がついている、魔物がついている、それを、そこで出てくるわけです」と、萱野茂のヴォイスオーバーの声がそれを説明する。

トゥス(霊能者)による診断のシーン

マンローの著書『アイヌの信仰とその儀式』の記述では、イムになった女性は「自分の感情を急激にさらけ出すのが特徴であって、他人の言葉や動作をすぐに真似てみたり、他人から指図や依頼をされるとそれとは全く逆の言動に走るという傾向」をもつようになると報告されている。[13] このような症状のアイヌ女性は、蛇の夢を見ることが多く、たいていの場合、霊能者によって蛇の悪霊に取り憑かれたためだと診断がくだされる。そこでウウェポタラ(悪霊祓い)の呪術をすることになる。その場面もしっかりと記録映像に残されている。

マンローたちが撮ったフィルムでは、古老がさまざまなカムイにご加護をお祈りしたあとで、チセの窓から蛇の姿をかたどった呪具を外にだす。それから、ヌサ(祭壇)の前で蛇の姿をした呪具にキナシュッカムイ（蛇の神）の霊を呼びよせる。次に蛇の姿神を座っている女性の首に巻きつけて、しっぽの部分が患者の体を這いずるように動かし、お祓いをする。これは蛇の姿神におみやげをもたせて、イムの女性から離れてもらう呪術だと萱野茂は解説している。最後に蛇の姿神を囲炉裏の火にささげて、それを燃やす場面が記録されている。

このように一九三〇年代の二風谷では、アイヌの人びとは身近なところにある自然や動植物のなかに、さまざまなカムイの存在を感じていた。ときにはお祈りをしてその力を借り、ときにはお祓いをして悪神に去ってもらうために呪術的に争闘し、まわりの宇宙と調和のとれた精神世界のなかで暮らしていたのだ。ウウェポタラは主にお祈りの言葉をあげること、タクサ（ヨモギとキイチゴの枝の束）、川底の石、剣によって患者をなでたり叩いたりして悪霊を祓うこと、病人を火や水で浄めることとの組みあわせから成っていた。記録映像における萱野茂の口頭での説明は、タクサについてこんなふうにいっている。

ヨモギというのは、アイヌの国で一番生えているので、それでお祓いされると、どんな化物も、ヨモギにはかなわない。
ましてや、痛いキイチゴの蔓、枝生えているので、それで、どんな憑いているもの、どんなものでも、逃げていく、というふうに考えられている。

マンローたちが記録したフィルムのなかで、わたしに強い印象を残したのは、ユッケウウェポタラという、なかなか離れない悪霊を祓う儀礼である。古老が沙流川のほとりでミントゥチカムイ（河童の女神）や、水底の女神と男神にお祈りをしてから、川岸にタクサで建てた六つの関門に順番に火をつけて、患者はその下をくぐらされる。ひとつをくぐるたびに、タクサの草木の束をもった女性たちふたりが、患者の体を一生懸命に力づよく六回ずつはたく。それを六つの関門でくり返していくのだ。このウウェポタラの映像をひとつ取りあげてみるだけでも、二風谷アイヌの信仰と病の治療にとって、いかに沙流川の水辺という場が重要であり、それをダム建設によって人工的に変えてしまったことが、どれだけ愚かなことであったかを痛感させられる。

「悪霊祓い」と日本語や漢字にしてしまうとおどろおどろしいが、『アイヌ・和・英辞典』を編纂したバチェラーが指摘しているように、ウウェポタラという言葉には「心配事、気づかい」という意味が含まれている。それは病いやケガで苦しんでいる人を、まわりにいる集落《コタン》の人たち全体で癒す知恵であったのだろう。何よりも感動的であるのは、その時代では例外的に、アイヌに対して偏見のない視線をもっていた西洋人のマンローたちの手によって、二風谷アイヌの人たちが自然界と共生するためのテクノロジーである呪術を実際におこなう姿が、動くイメージとして保存され、それをわたしたちが現在も映像として見ることができるということだ。二風谷に移住して、医師として診療をつづけながら、眼前でくり広げられるアイヌの伝承文化についての文章を書き、写真を撮り、音声を録音して残すこととあわせて、それを映像で記録することは、マンローにとってその全体性を記憶するために不可欠な手段であった。マンローが当時の最新技術であった映画カメラ、フィルム、チセのセットを駆使して、ウウェポタラを撮影することができたのは、もしかしたら彼が二風谷アイヌの人たちの呪術から、それを執りおこなうときの繊細な「気づかい」を学んだからだったのかもしれない。

（1）『アイヌ 北海道二風谷における悪霊払いの儀礼 ウウェポタラ』解説＝萱野茂、構成＝岡田一男、製作＝下中記念財団ECアーカイブズ・東京シネマ新社、一九九二年、二五分
（2）光田由里「2ジレルとヴェール 世紀末日本を訪れた二人の映画技師」吉田喜重・山口昌男・木下直之編『映画伝来 シネマトグラフと〈明治の日本〉』岩波書店、一九九五年、四七―五九頁
（3）「一八九七年一〇月十八日の手紙」『映画伝来 シネマトグラフと〈明治の日本〉』五九頁
（4）岡田一男「アイヌと動画像AINU in Moving Images」『AINU Spirit of a Northern People』スミソニアン研究所国立自然史博物館の企画展カタログ掲載に掲載された文章の日本語版オリジナル http://tokyocinema.net/ainu.htm
（5）岡田一男「ニール・ゴードン・マンローの1930年代アイヌ民俗誌映画への取り組み ウウェポタラ（悪霊払い）の記録を中心に」『国立歴史民俗博物館研究報告』第一六八集、二〇一一年、一一九頁
（6）『AINU Past and Present マンローのフィルムから見えてくるもの』監督＝内田順子・鈴木由紀、撮影＝谷口常也、製作＝内田順子・岡田一男、二〇〇六年、一〇二分

（7）東京オリンピア映画社『イオマンテ 秘境と叙情の大地で』企画・製作＝柏木剛、構成・考証＝尾形青天、録音構成＝近藤鏡二郎、撮影＝N・G・マンロー、一九六五年
（8）桑原千代子『わがマンロー伝―ある英人医師・アイヌ研究家の生涯』新宿書房、一九八三年、七五頁
（9）「ニール・ゴードン・マンローの1930年代アイヌ民俗誌映画への取り組み」一二八頁
（10）N・G・マンロー著、B・Z・セリグマン編、小松哲郎訳『アイヌの信仰とその儀式』国書刊行会、二〇〇二年、二三二頁
（11）「ニール・ゴードン・マンローの1930年代アイヌ民俗誌映画への取り組み」一三九頁
（12）同前、一三八頁
（13）『アイヌの信仰とその儀式』一五〇頁

草葺き小屋のイザベラ・バード

バードとポリネシア人

いまから百数十年前の一九世紀後半という時代に、東アジアの海ぞいにある弧状列島や太平洋にちらばる南溟の島々がどのような姿であったかを想像するには、どうしても欧米人の証言にたよる必要がある。東アジアの住民や太平洋諸島民があまりに当然のこととして意識せず、記述しなかった自分たちの文化や社会の細部が、外からやってきた人びとによって記録されたという面があるからだ。

そこにはヨーロッパ世界のほうが進んでいて、そのほかの文化圏は遅れていると見なす西欧中心主義が感じられることもあるし、異国趣味の色めがねをとおして物ごとを見るエキゾティシズムやオリエンタリズムも散見される。しかし、欧米からやってきた彼／彼女たちが異質な世界におどろき、その目に映ったものが、その当時、実際に展開されていたローカル文化の姿だったのだろう。そうした重要な文献を残した人たちが、東洋研究や民族誌の専門家であるとはかぎらない。政治家、外交官、宣教師、漁業者、探検家、作家、アーティストなどさまざまな職業人がそのことにたずさわったのだ。

イギリスの女性旅行家だったイザベラ・バードが、彼女にとってまったく異質な文化にふれた最初の地が、ハワイ諸島であったことは強調しておいてもいい。それは一八七三年のことであり、彼女はすでに四十二歳になっていた。それまでのバードは敬虔な牧師だった父親を手伝って慈善活動をしたり、脊椎の持病と神経症をもっていたので、夏をスコットランドで療養するなどして静かにすごしていた。バードの身体には旅先で心身ともに回復する傾向があり、医者の勧めもあって、アメリカとカナダで半年をすごしたこともあった。バードが一八七二年にオーストラリアとニュージランドへの航海の旅にでたのも同じ理由からだったが、その旅の帰りにハワイ島のホノルルに立ちよったことが、彼女の人生をドラスティックに変えるきっかけのひとつになった。

生涯にわたって女性の旅行家として世界中のさまざまな地域を踏破したイザベラ・バードであるが、彼女が大きな旅行をするようになった年齢は四十歳をすぎてからと意外に遅い。しかも、それ以前はむしろ病弱でひきこもりがちな人物であったことが目を引く。そのような特性をもつ女性であったからこそ、ほかの勇ましい探検家たちとはちがって、その土地々々の先住者の暮らしを繊細に見つめることができたのかもしれない。バードはハワイ諸島に七ヵ月のあいだ滞在することになり、ハワイの島々を隈なくまわって、はじめて奥地への探訪も経験したのである。

イザベラ・バードの肖像画

当時のハワイ諸島は、欧米による植民地主義の脅威にさらされていた。一八世紀後半にイギリス人の探検家ジェームズ・クック（通称キャプテン・クック）が到着し、オアフ島やカウアイ島がヨーロッパ人によって「発見」されると、その地で暮らしていたポリネシア人との交易や植民地化を求めて、欧米から頻繁に船が訪れるようになる。そして一八世紀末には、カメハメハ大王が率いるハワイ王国が諸島を治めるようになった。百年近い統治の時代がつづいたが、一九世紀末になると、アメリカやイギリスなどの列強が覇権を争うようになり、最後には一八九八年のアメリカによるハワイ併合で決着がつき、ハワイはアメリカの準州になった。次々に宣教師がハワイに来島してキリスト教を定着させ、サトウキビやコーヒーのプランテーションでの栽培が盛んになったのも同じ時期のことだ。

イザベラ・バードがハワイに滞在したのはちょうどハワイ王国の末期にあたり、欧米諸国がその後のハワイにおける政治経済的な主導権をにぎろうとして、さまざまな謀略を画策していた時期のことであった。この頃の国勢調査（一八七二年）によれば、ハワイ諸島には全体で五万六千人の人口があった。大半が先住民のハワイ人（ポリネシア人）か混血した先住民で、中国や日本からの移民のほかに、欧米各国からの外国人が数百人ずつ住んでいた。

『イザベラ・バードのハワイ紀行』（原題『サンドイッチ諸島での六ヶ月』）には、一九世紀後半におけるハワイの自然、社会、宗教、風俗習慣がつぶさに彼女の手によって記述されている。そのなかでもポリネシア先住民との邂逅が、イザベラ・バードに強い印象を与えたことはまちがいない。バードは外国人がめったに訪れることのなかった土地、ハワイ島のワイマヌ渓谷へ入っていろいろと見聞している。その場所は長さが五キロ、幅が一キロほどの渓谷であり、六百から千二百メートルほどの高さの断崖にかこまれて楽園的な植生が残っている、先住民たちが暮らす土地であった。現地のガイドと持ちまえの乗馬技術に助けられて、バードは道も定かではないところを単身でわけ入っていった。

わたしはいま草葺き小屋の入口に坐っている。ここより先に道はなく、人里離れたこの巨大な大地の裂け目より先に進むことはできない。わたしのまわりには三〇人ほどの先住民が腰を下ろし、わたしをじろじろ見ては笑い声を上げ、お喋りを楽しんでいる。このあたり一帯に、白人はわたし一人きりだ。みなで輪になり、鶏と大きなヒョウタンに入ったポイを囲み、一緒に食事をとった。鶏はわたしのために一羽を潰し、石竈で焼いてくれたものだ。わたしはナイフを持ってくるのを忘れたので、未開人のような原始的な方法で食事をするしかなかったが、内心、気が気ではなかったのは、見たところあきらかにハンセン病の進行した人が数人いたことだ。ゴザの上には男が一人、刺青をした褐色の手足を広げて寝そべっていた。他の者たちは胡座をかいてタコノキのレイ作りに励んでいる。[1]

これは異文化との接触の場面であり、いろいろな興味ぶかいディテールに満ちている。イザベラ・バードがあたかも民族誌家のようにして、ハワイ島の先住民の集落に入っていった様子がよくわかる記述である。バードは研究者としての訓練を受けたわけではなかったが、その観察は細部にわたっており、描写は的を射ている。焼いてもらった鶏を「未開人のような原始的な方法」で食べるしかなかったというのは、手で肉を引きちぎり、口で噛み切るしかなかったということ

『イザベラ・バードのハワイ紀行』の原書に収録されたキラウエア火山の挿画

か。当時のイギリス人女性にとっては、食事のマナーにおいて、なかなかあり得ないことであったのにちがいない。ハンセン病の人間の存在をおそれているのは、その病気の原因が飛沫感染や空気感染するという誤解と偏見から、当時のバードであっても逃れられていないことを意味するのだろう。

　ここで目をひくのは、文化的他者のなかに入った白人女性のイザベラ・バードが珍客として迎えられ、居心地のわるい思いをしているところだ。このあとにつづくのは、ハナヌイという名前のガイドが見世物師のように、先住民の人たちにバードのことを紹介するくだりである。「おかげでわたしはサーカスの貼り紙にある怪物にでもなった気分だ。わたしはなすすべもなく、じっと坐って人々の視線に晒されていた。わたしは漂泊したような自分の顔や、色褪せたような目や髪、さらには肌の色や服装のことなど、あれこれと思いをめぐらせた」とある。[2] バードにはガイドがハワイ語で何をいっているのか理解することができず、まわりのみんなの様子から察して、彼が何か口からでまかせに、おもしろおかしいことをしゃべっていることだけが感得できたのである。

　これが民族誌のフィールド調査であれば、観察者（イザベラ・バード）と調査対象（ポリシネシア人の先住民）の「見る／見られる」関係性は安定的でなくてはならない。つまり、ヨーロッパ人であるバードが主体となって、先住民を観察するという視線のあり方である。ところが、バードの旅行記ではおもしろいことに、楽園のような土地で暮らす褐色肌の先住民の快活さのほうが強調されて、彼女自身は新奇なものとしてじろじろと見られている、そして、肌の白いバードの不健康さのほうが浮き彫りになる。ここに旅行記作家ならではの、柔軟な視点の転倒を見ることができる。

イザベラ・バードにとっては、異文化の客観的な記述を試みることよりも、その場で生起しているできごとのおかしみを捕まえることのほうが重要なのだ。一体これは何に由来するのか。『イザベラ・バードのハワイ紀行』という書物におけるレトリック面での特徴は、イギリスで待つ妹のヘンリエッタにあてた書簡の体裁をとっていることだ。文化的他者に接触したときのできごとを徹底的に観察し、精確に記憶し、資料調査などを使ってその社会的なバックグラウンドを考察し、それらを総合した上でその場所にいなかった人物（妹のヘンリエッタ）にむけてものを書くときに、バードならではの描写力がものをいう。たとえば、ワイマヌ渓谷にある川でエビを獲るポリネシア人たちの日常的な労働は、バードの目には幻想的な光景として映ったのであるが、それはオリエンタリズムから遠く離れて一篇の散文詩のようになっている。

わたしは心地よい風と陽射しを浴びて服が乾いていくのを感じたが、渋々ながら川を下って引き返すことにした。オヒアが自然の天蓋となっているもう一本の川との合流点に戻ると、男と女二人が水の中から上がってきた。それは古の牧神ファウヌスと連れ立つ水の精ナーディアス、木の精ハマドリュアスを彷彿とさせる光景だった。三人は腰まで水に浸かり、赤いオヒアレフアとシダのレイをまとっていた。幻想的にさえ見える苔の冠を付けた豊かに流れる髪が、非の打ちどころない裸体に垂れている。鮮やかな褐色の肌は斜めに差し込む陽射しを受けて艶やかに輝いた。彼らはラッパ型の籠でエビを獲るという毎日のありふれた労働に携わっていたのだった。〔3〕

ハワイ諸島を旅した二年後に、『イザベラ・バードのハワイ紀行』は出版されることになった。彼女がハワイの次に定めた目的地は、長いあいだ鎖国によって閉ざされていた極東の島国であった。その土地の「奥地」に行けば、まだ昔ながらの生活や風景が残されているはずだった。一八七八年（明治十一年）の初頭にバードは日本列島にむけて出発する。この日本の奥地へとむかう旅が、五年前のハワイ諸島の旅の残像を引きずっていたことはまちがいない。それから、もうひとつ指摘しておきたいのは、バードが書いたこの旅行記のタイトルが、日本語では『日本奥地紀行』と訳されることが多いのだが、原題を直訳すれば『日本の未踏の地――蝦夷の先住民および日光東照宮訪問を含む内地旅行の報告』だということである。〔4〕蝦夷地というのは、江戸時代に使われた「アイヌが居住する土地」を意味する言葉であり、北海道や樺太や千島列島のことを指す。原題からも明らかであるように『日本奥地紀行』の旅が、当時はまだほとんど欧米人が踏破していなかった日光以北の東北と蝦夷地にわけ入り、アイヌ民族に関する見聞を書くことに核心があったことがよくわかるタイトルである。

バードの見た蝦夷地

どうしてイザベラ・バードが蝦夷の先住民に興味をもったというのか。宮本常一はその背景を次のように説明している。「なぜ日本人がアイヌに対して持つ関心より、シーボルトや他のイギリスの学者たちが持つ関心の方が大きかったかというと、とにかく日本の北方にかなり高い文化を持った民族がいるが、どうも簡単に日本人と言い切れないものがある、ヨーロッパからシベリアを移動してそこへ行ったものではないかと、そういうことから興味を持たれたわけです」。[5] これを補足して赤坂憲雄が調べたところによれば、一九世紀後半の時代、欧米の学者たちにふたつの相反するアイヌ観があった。アイヌのことを純粋なモンゴロイドと見なす人たちがいる一方で、当時はモンゴロイドよりも白人に似ていると唱える人たちほうが優勢であった。その根拠とされたのは、体毛や彫りの深い顔立ちといった外見的な特徴であり、それらを指標として白人との類似や差異が論じられたのだという。[6]

その旅がどのような動機によって企てられたのか定かではないにせよ、一八七八年（明治十一年）の六月に、四十七歳のイザベラ・バードは横浜港に到着することになった。このときにハワイ滞在時の人脈が活きたらしく、ハワイ島に住む友人の近親者が開国したばかりの日本に上陸して入国することの手助けをしてくれたと『日本奥地紀行』の記述にはある。[7]バードは三ヵ月をかけて、欧米人にとってほぼ未踏の地だった越後、東北、蝦夷を旅して歩いた。余談ではあるが、後年にアイヌ研究の権威となったイギリス人のジョン・バチェラーが、若き宣教師として北海道の函館にきたのが同時期の一八七七年のことだった。バチェラーもまた、バードがアイヌ調査をしたのと同じ一八七八年に、やはり平取に訪問している。アイヌ研究のまさに黎明期のできごとであった。

さて『日本奥地紀行』を読むと、イザベラ・バードは外国人が居住し、西洋化された東京や横浜といった都会をさらりと通りすぎ、一路、東北と蝦夷を目ざしている。明治維新から十年を経ていたとはいえ、列島の奥地に住む民衆の生活は、まだまだ江戸期とさして変わらない状況にあった。バードは西欧の知識や技術が日本の近代化を活気づけることは知っていたが、他方では以前の列島の生活のほうがずっとまともであり、未開地こそが真の感銘を与えてくれる場所だということを直観した。それで旅のクライマックスを、アイヌ民族の集落に入り、言語や民俗や信仰を調査して歩くことに定めたのだ。興味深いことに『日本奥地紀行』の文章においては、バードがアイヌの集落に近づけば近づくほど、それをハワイの風景と比較したり、その先住民であるポリネシア人のことを連想したりする記述がでてくるようになる。

上り坂の頂きから見る室蘭湾《モロラン》は本当に美しい。ハワイ島の風上側に当たる一部の風景を別とすれば、日本の海岸の風景ほど美しいものを見たことがない。[8]

海の波が打ち返す音が微風《そよかぜ》の音と交じり合い、緑樹の合間からは白波が見え隠れし、赤蜻蛉《とんぼ》や艶やかな黒い羽の蝶《ちょう》［尾長揚羽《あげは》］が「生きた閃光」のごとく道の上を飛び交っていた。このような光景によって、ぼんやりとではあるが、風上側のハワイ島のことが脳裏をかすめた。私たちは一軒のアイヌの小屋［風の家］と、流れの穏やかな美しい川［沙流川］に遭遇した。二人のアイヌが渡し舟に四人の人間と馬を乗せて川を渡り、もう一人はこの小舟を歩いて先導した。[9]

アイヌの集落［コタン］は実際よりも大きく見えるが、どの家にも〈倉《クラ》〉［プ］があるためである［挿絵］。これは木の支柱に支えられ、床の高さは地面から六フィート［一・八メートル］ある。彼らの家屋については知識をもっと得てから記すことにし、ここではそれが和人の家にはそれほど似ておらず、ポリネシア人のものに似ているとだけ言っておく。木の枠組に葭《よし》を実にきちんと結んで作られているのである。家には複数の小さな窓があり、茅葺《かやぶ》きの屋根は非常に高くて勾配がきつく、縁にはきれいな飾りがぐるりとついている［次頁挿絵。但し、正しくは三六一頁の挿絵］。棟柱はどれも茅でおおわれ、飾りがついてい

イザベラ・バードによる挿絵1

イザベラ・バードによる挿絵2

る。[10]

日本列島を縦断してきて、ようやく蝦夷地についたイザベラ・バードには、アイヌのチセや高倉が本州の家屋の建築様式よりもずっと、ハワイ諸島で何度も泊まったポリネシア人の小屋に近いものに見えたというのである。先の引用部をふつうに考えれば、それまでのバードが未開社会に入ったのはハワイ諸島のみであり、それを蝦夷地で遭遇したアイヌ集落において思いだし、連想しているだけのことだ。そこには、ポリネシア人の草葺《ぶ》き小屋とアイヌのチセが結びつく、説得的な根拠はどこにも見あたらない。しかし、このような旅行記作家の直観にこそ、意外と奥深いものが秘められている。

詩人で思想家であった吉本隆明は『アフリカ的段階について』において、イザベラ・バードのこの部分の見識を高く評価している。バードは何の先入観も学術的な裏づけもなしに蝦夷地に入っていき、いきなりアイヌの建築物や習俗に遭遇して、おなじ高さの目線でものごとを的確に観察しているというのだ。「西欧人からは当惑するほか言いようのない自然への畏怖や恩恵の独自さもきちっとみている。それはいわばアフリカ的段階の自然観を適切に抽出している」のだと吉本は指摘する。〔11〕吉本は一九世紀後半の蝦夷地の報告者としてのバードに対して一定の信頼をおいているのだが、その理由のひとつは、アイヌの家屋や倉をはじめとする風俗を、ポリネシアという南方起源との連環でとらえたからである。それは、どういうことか。

ヘーゲルやマルクスは一九世紀のヨーロッパ社会をモデルに、西欧近代とアジア世界のことを考えるしかなかったが、その歴史観のなかでは、アフリカや南北アメリカは世界史の外側におかれることになった。人間が狩猟や採集をして自然とまみれるように暮らしていた段階のことを、ヘーゲルは野蛮で動物的な生として人類の歴史から除外しようとした。吉本隆明がアフリカ（プレ・アジア）的段階という概念を設定したのは、アジア的な農耕社会や西欧近代の社会に移行する前の始源にこそ、近現代の行きづまりを打破するような、豊かな精神や感性の可能性を見いだせると考えたからだった。「動物にちかいようなひどい生活をしながら、アイヌ人の精神性が高貴だということを見抜いているだけでも見事なものだといっていい。この女流旅行家のもっている見識はわたしたちが身につけたいとかんがえているもののひとつだ」と吉本は評価する。〔12〕たしかにイザベラ・バードは『日本奥地紀行』のなかで、アイヌの礼儀正しさと親切心について何度も言及している。バードに専門的な知識はなかったが、この異邦人が見た一九世紀後半のアイヌ集落の姿こそが、かけ値なしに現実の蝦夷地の姿であったのだろう。

これは高床式の住居を指している。この旅行家の眼に映ったアイヌ人の住居がすべてこの通りだったかどうかわからないが、アイヌ人の南方起源を暗示しているようにおもえる。確定的なことは何も言えないとしても、東南アジア地区を起点とすれば日本列島人は、アジアの沿海部をつたわる経路と、遠くオセアニアの島々をつたわる経路と、古アジアの内陸から海岸に出てきた別の種族の経路とがあるにちがいない。アイヌ人の起源からの習俗や種族というばあいは、このいずれも主題となりうる。この旅行家は南方起源をよくみているとおもえる。〔13〕

なるほど、アイヌの建築様式とポリネシア人のそれが似ているという一見突拍子もないイザベラ・バードの指摘は、吉本隆明にとっては多種多様な出自をもち、文化的にも種族的にも混血している日本列島人の南方起源説を想起させるものである。かつて日本列島においても、古代社会が成立する以前の約一万二千年前から紀元前三世紀ごろまでは「アフリカ的段階」とされる縄文時代がつづいていた。家屋の様式の類似性は、さまざまなグループから成っていたとされる縄文人の祖先が、どこからやってきたのかという問題と二重写しになる。

最近の研究によれば、一万四千年前までマレー半島、インドシナ半島、フィリピン、インドネシアの島々はひと続きの「スンダランド」と呼ばれる陸地であった。そのユーラシア大陸から突きだした巨大な半島では、アフリカからきた新人（ホモ・サピエンス）が陸上の食物と、丸木舟や筏をつかって海洋の食物を採集することで人口を増やしていた。[14]彼ら東南アジアに起源をもつポリネシア人の祖先は、どのような理由かはわからないが、スンダランドから気の遠くなるほどはるかな太平洋上の船旅にでることになった。彼らは非常にすぐれた航海術を駆使して、紀元前千五百年から五百年くらいにはニューギニアやサモアに達することになった。そして西暦五百年ごろには、さらに東進してマルキーズ諸島やハワイ諸島に達したと考えられている。

その一方、丸木舟で黒潮に乗って北上し、沖縄諸島に達した彼らの子孫は「港川人」と呼ばれるようになった。彼らが環境の変化に適応して、のちの縄文人になった人たちの祖先だと見なす人たちもいる。そのほかにも、日本列島が大陸と地続きだった時代には、モンゴルやシベリアから、サハリン島や朝鮮半島経由で旧石器文化をもった人たちが入ってきた。こうして日本列島において土器が出現した約一万二千年前から、水田稲作農耕がはじまる紀元前三世紀ごろまでの時代に、狩猟採集の定住生活をおくったのが、いわゆる「縄文人」たちである。稲作とともに入ってきた渡来系の弥生人の影響が少なかった北海道と沖縄では、それぞれアイヌ民族と琉球人が、縄文系の人たちの姿形を強く残しながら、独自の文化を築いていったのだと推測される。偶然のこととはいえ、ハワイの先住民とアイヌ民族を結ぶミッシングリンクは、イザベラ・バードという女性旅行家の脚力と想像力によって、わずかながらはその間隙を埋めたのかもしれない。

私は今、さびしいアイヌの地にいる。アイヌ小屋風の家［挿絵］で、二泊三日にわたって生活を共にしつつ、まったくの未開の人々の日常生活を見てきたことは、私のこれまでの経験のうちで最も奥深いものだったと思われる。人々はあたかも私がそこにいないかのごとく普段どおりにふるまってくれた。（……）もうしばらくすると、これまでとは別の、未開人の〈儀式〉が始まる。あなた［妹ヘンリエッタ］なら察しがつくと思うが、楽しみなことがたくさんある。今の今も床の中央に切った囲炉裏《いろり》［アペオイ］のそば［炉端］で〈酒《サケ》〉の入った杯《さかずき》［トゥキ］を手にした未開人が両手を前に突き出し、肘から下を何度も手前に曲げるようにして私に挨拶し、〈酒《サケ》〉に一本の棒［イクパスイ、棒酒箸］を浸し、神である真っすぐの棒［イナウ、木幣］に捧げる行為を六度繰り返した。この棒には削りかけ［イナウキケ］が付いており［削りかけつき棒酒箸、キケウシパスイ］、部屋の床に立てかけられている。[15]

横浜から北上し、東北から蝦夷地にかけて旅行しているあいだずっと、物見高い日本の野次馬に悩まされてきた白人のイザベラ・バードは、平取のアイヌ集落にたどり着いて、ようやく普段どおりにふるまってくれる人たちに出会うことができた。わたしたちは旅先の心ぼそさのなかで、思わぬ親切なもてなしを受けたときの喜びと安心感を経験的に知っている。バードはこのとき平取のアイヌ集落《コタン》において、ペンリウクと呼ばれる酋長の甥であるシノンテの家に滞在したのだが、急な訪問であったのにもかかわらず、男たちが丁寧に挨拶をして、バードの荷物のために駆けまわってくれたことを『日本奥地紀行』に書いている。

それからまた、バードはアイヌの女性たちが恥ずかしそうに微笑んでいた姿に感銘をうけたようだ。酋長はバードに対して「この自分の家をあなたの家として使い、留まりたいだけ滞在してくださることを願っている」「私たちの習慣はあなたのものとはすべての点で違っておりますのでどうかお許し下さい」といったとある。〔16〕実はこのペンリウク酋長こそ、のちにバチェラーの知識提供者《インフォーマント》になって彼と友情を結び、アイヌ研究に多大な貢献をした人物である。はるか彼方からやってきたバードに見せた平取アイヌの歓待の心根が、長いあいだ和人からの差別に苦しんできた末に身についたものと見るか、それともポリネシア人と同根かもしれない、遥か遠くの地から旅してきた遺伝子のなせるわざと考えるかは、読者の判断にゆだねたい。

（1）イザベラ・バード、近藤純夫訳『イザベラ・バードのハワイ紀行』平凡社、二〇〇五年、二五二頁
（2）『イザベラ・バードのハワイ紀行』二六三頁
（3）『イザベラ・バードのハワイ紀行』二六六頁
（4）イザベラ・バード、金坂清則訳「凡例」『新訳 日本奥地紀行』平凡社、二〇一三年、五頁
（5）宮本常一『イザベラ・バードの旅『日本奥地紀行』を読む』講談社、二〇一四年、一九二頁
（6）赤坂憲雄「差別とは何か、という問い」『イザベラ・バードの旅『日本奥地紀行』を読む』二五三頁
（7）『新訳 日本奥地紀行』四六頁
（8）『新訳 日本奥地紀行』三四四頁
（9）『新訳 日本奥地紀行』三五七頁
（10）『新訳 日本奥地紀行』三四五頁
（11）吉本隆明『アフリカ的段階について 史観の拡張』春秋社、二〇〇六年、一四〇頁
（12）『アフリカ的段階について 史観の拡張』一三七頁
（13）『アフリカ的段階について 史観の拡張』一二七頁
（14）バーチャル展示室「日本人はるかな旅展」国立科学博物館公式サイト http://www.kahaku.go.jp/special/past/japanese/ipix/index.html
（15）『新訳 日本奥地紀行』三六〇頁
（16）『新訳 日本奥地紀行』三六六頁

砂川のインディアン

亀井文夫とデニス・バンクス

砂川闘争の記録映像

亀井文夫が撮ったドキュメンタリー映画『流血の記録・砂川』（一九五六年）の冒頭に謎めいたシーンがある。

アメリカの空軍が駐留する立川飛行場の拡張計画を当時の日本政府が認めたため、これに反対する北多摩郡砂川町の地元住民たちが、前年の一九五五年から基地の周辺で政府の測量隊と衝突をくり返していた。一九五六年の十月中旬のことだ。鉄条網でかこまれて一般人がなかに入ることのできない軍用基地の飛行場。その敷地の外側にある木の上で、地元住民のひとりが見張りをしながら、飛行場内の様子をうかがっている。そうしていると、飛行場の敷地内に日本政府の測量隊が集まりはじめる。政府が在日米軍の要望にこたえて立川飛行場を拡張するためには、美しい野山が広がり、先祖伝来の田畑で米や麦や桑苗をそだてて暮らす周辺の農民から、強制的に土地を接収しなくてはならない。そして土地を接収するためには、何よりもまず日本の測量隊が田畑に杭を打ちこみ、拡張工事を進めていくための測量をする必要があった。

『流血の記録・砂川』

それにつづく映画のシーンでは、政府の測量隊がアメリカ空軍の兵士たちと一緒に、第四ゲートから立川飛行場の外にでてくる。そこで待ちかまえているのは、ピケ・ラインを張る地元の農民と労働者たち、そしてマスコミの取材陣たちだ。社会党の議員たちが測量隊にたいして、強制的な測量を思いとどまるようにと説得する。それを飛行場の内側から、ヘルメットをかぶったアメリカ空軍の兵士たちが銃を手にもったまま見つめている。フェンスの反対側では、周辺住民や農民たちが少し離れたところから心配そうに見守っている。測量隊と社会党の議員たちが言い争い、だんだんと不穏な空気が高まってくる。ひとりのアメリカ軍兵士がゲートの内側から一六ミリフィルムのカメラをかまえて、飛行場のすぐ外でおこなわれている小競りあいの様子を撮影する。そのうちに、測量隊はその日の測量をあきらめて、立川飛行場のなかに引き返していく。

立川飛行場のゲート前の米兵たち

これは映画『流血の記録・砂川』に記録された映像であり、世にいう「砂川闘争」のいち場面として、わたしたちはこのシーンを何気なく見流してしまうことが多い。ところが、わたしにとって謎めいて見えるのは、政府の測量隊でもそれに対峙する砂川の人びとでもなく、鉄条網やゲートのなかに立っているアメリカ空軍兵士のほうである。なぜなら、その兵士たちのなかに、当時アメリカ空軍の兵士として勤務していたデニス・バンクスがいたからだ。この映画は撮影者が武井大、勅使河原宏、亀井文夫ら総勢七名いて、それらのショットを誰が撮ったのかいまでは知るよしもないが、少なくとも映像を編集したのは監督の亀井文夫であった。砂川闘争という場における亀井文夫とデニス・バンクスの出会い。その歴史的な事実には、何か心をざわつかせるものがある。

デニス・バンクスはネイティブ・アメリカンであり、ミネソタ州のオジブエ族の出身であった。一九五〇年代なかばに砂川闘争が起きていたころ、日本人女性のマチコと同棲していたバンクスは、基地の外にかまえたふたりの部屋から立川飛行場にかよっている一介の兵士だった。一九五六年の十月十一日の早朝に、バンクスたちはアメリカ軍から緊急出動命令をうける。そして飛行場のフェンスの内側にいき、ライフルと実弾を装備して不動の姿勢で配置についた。飛行場とデモ隊の境界線に、三メートルごとに空軍兵士を立てて警戒した。その銃をもった兵士のひとりがバンクスであった。

デモ隊が一歩でも基地内に足を踏み入れようとしたならば、銃でまずは警戒のために発砲せよと上官が言った。それでもデモ隊が止まらなければ、デモ隊に向かって銃を撃てとも言った。

「撃て、撃たねばならない」

上官ははっきりとこう言ったが、我々には命令の意図が理解できなかった。抗議運動に参加しているのは非暴力の人たちで、ここは彼らの土地であり、土地を取り上げようとしているのは、アメリカ占領軍のほうだ。私についていえば、日本人のガールフレンドがおり、ほかにも同じような仲間はたくさんいた。日本人妻のいるジョンソン軍曹が、上官に詰め寄った。

「撃つって何を撃つのですか。デモ隊を脅すためですか？　警告のためですか？」

上官は答えた。

「撃ち殺すのだ！」

一九五六年のことだ。戦争はとっくに終わっていたが、これが我々のうけた命令だ。[1]

この闘争も最初のうちは、在日アメリカ軍が要求した飛行場の拡張に対して、地元農民が抵抗を見せた小さな反対運動にすぎなかった。それがいつしか学生、労働者、仏教徒、一般市民へと広がっていき、戦後十年以上が経ってもアメリカ軍が国土を占領していること自体に対して、異議申し立てをする運動へと大きく成長していった。それがどのような戦争であろうと、戦争に負けることは占領者の意のままに土地をうばわれ、軍機が飛びから轟音と危険のなかでの暮らしを強要されることを意味する。そして、占領者の意思に従属するばかりの敗戦国の政府は、彼らがおこなう弾圧や戦争に手を貸すことさえ余儀なくされる。人びとは一九五六年になって、ようやくそのことにはっきりと気づいたのかもしれなかった。

デニス・バンクスの証言によれば、砂川闘争に参加して立川飛行場を取り巻いた敗戦国の住民たちは、たとえ彼らがその運動を非暴力でつらぬいたとしても、とつぜんアメリカの軍に撃ち殺されてもおかしくない状態であった。その歴史的な闘争の場に、ひとりのネイティブ・アメリカンであるバンクスが、占領者側の立場で立ち会っていた事実を指摘する人はあまりいない。彼が砂川の地で心のなかに宿した種子は、後年に大きなムーブメントとなってアメリカ大陸で花ひらくことになるだろう。

土地を奪われたインディアン

一九五六年の砂川闘争から、時代は二〇年前にさかのぼる。

デニス・バンクスは一九三六年に、カナダ国境に近いミネソタ州リーチレイクのインディアン保留地でオジブエ族の家庭に生まれている。ミネソタはスー族の言葉で「靄の立ちこめる水面」という意味であり、そこは大小の湖が散在する美しい土地であった。バンクスは五歳になるまで大自然にかこまれた環境のなかで育ち、まわりの家族や部族の人たちはみんな部族語で会話をしていたという。部族の長老が偉大なる精霊の教えを伝えてくれるときも、伝統的なお祭りであるパウワウで歌って踊るときにも、それらはすべてオジブエ語でおこなわれていた。

ところが、主に家庭の貧困が原因となって、デニス・バンクスは五歳のときに寄宿学校（ボーディング・スクール）に入れられることになった。そこにはいくつかの理由があったようだが、生まれ育ったリーチレイクの土地から引き離された上に、十年ものあいだ、十五歳になるまで母親と一度も会えなくなってしまったのだ。彼は寄宿学校から何度も脱走を試みたが、五百キロも離れた故郷に自力で帰ることはかなわず、そのたびに学校に連れもどされるということをくり返した。いったい、どのような社会的背景があって、こんな不幸に見まわれたというのか。

アメリカ合衆国では、一九世紀の末に「西部開拓」という名のもとではじまったヨーロッパ系人による侵略戦争が、歴史的に完結されていた。次から次へとネイティブ・アメリカンの部族を虐殺していき、彼らからその土地を収奪した上で、彼らをインディアン保留地に強制移住させる民族浄化が合法的におこなわれた時代があった。それと平行して、ヨーロッパ系住民の文化に適合させるために、その土地のネイティブの人たちに対してさまざまな同化政策が開始されたのだった。そのなかに、一八八〇年代にスタートした「インディアン寄宿学校」がある。

この寄宿学校という制度は、ネイティブ・アメリカンに子どものときから英語の読み書きやキリスト教を教えこみ、農民や労働者といった「生産的アメリカ市民」に育てあげて、白人社会に適応させることを目ざしたものだった。寄宿学校では部族語とその宗教（伝統的なアニミズムの宇宙観にもとづく精霊信仰など）は禁止された。つまり、それはネイティブ・アメリカンの側から見れば、伝統的な言葉、文化、信仰を奪われて、その連続性を根底から破壊されることにほかならない。さらに子どもの頃から「インディアン」は劣等民族だと学校で教えられるから、自分たちの歴史に対する誇りや、民族としてのアイデンティティを失ってしまい、アルコールに溺れるような無気力な大人になってしまう者があとを絶たなかった。

一九三〇年代に生まれたデニス・バンクスにしても例外ではなかった。そのような同化政策のなかで教育をうけたこともあって、十五歳のときに、彼は頭のなかを完全にアメリカ化された状態で寄宿学校を卒業することになった。十六歳のときに高校を中退したあとは、日雇いでさまざまな仕事をした。十七歳のときに兄のあとを追って、アメリカ空軍に入隊する。一六週間の訓練のなかで星条旗への忠誠、上官への礼儀や命令への絶対服従、きちんとした身なりをすることを学んでいった。休暇で母親に会いにいったときには、空軍の「制服姿を見せ、訓練で学んだことを話してきかせることが私には誇らしくて嬉しくてならなかった」という。[2]

そして、同じときにバンクスは、かつてすごした寄宿学校の舎監をおとずれている。「彼女は空軍兵士となった私を見て喜んだ。自分の教え子の一人がなにかをなしとげたことを知って嬉しかったのだろう。私自身、ひそかに制服姿を彼女に見てもらいたかったのだ」と書いている。こうして伝承された社会や文化から切りはなされて、伝統的なアイデンティティを失ったネイティブ・アメリカンの子どもは、ひとりのアメリカ合衆国の愛国者、ひとりの「生産的アメリカ市民」へと完璧なまでに矯正され、同化のプロセスは完遂されたのである。

一九五四年に転属がみとめられて、デニス・バンクスが生まれてはじめて踏んだ異国の地が、日本の横浜だったことは重要である。その後、十代後半のネイティブ・アメリカンの少年は、典型的な在日アメリカ軍の米兵として歩むことになる。伊丹基地の近くにあったバーで出会った、まち子という日本人の女の子と恋におちた。北アメリカではずっとインディアンという劣等民族として、二級市民であるという偏見を植えつけられて育ってきたバンクスは「この国では、人種差別の感覚をまったく感じない。白人にいつもまわりを取り囲まれていないからだ。私はそれが気に入った。日本人と一緒にいるのはとても楽しい。私は、日本がすっかり好きになった」と書いている。〔3〕レッドスキンと呼ばれるネイティブの肌と比べてみても、黄色人種である日本列島の混淆種族の人たちの肌は、白人のそれよりも親しみやすいものだとバンクスの目には映ったのかもしれない。

ある夕方、デニス・バンクスが町をぶらついているときに、町外れの田園で人びとが田植え作業をやっている姿がふと目に入った。

> 私は惹きつけられるように水路まで行って腰を下ろし、足をぶらぶらさせながら彼らの姿を眺めた。(……) 田んぼの泥に膝まで浸かって田植えを続ける女たち。見るものすべてが珍しく、私は飽きることもなく、三時間もの間そこに座っていた。人々の話し声が聞こえ、その声に日本の文化の匂いを嗅ぎ取った。遠くから日本の伝統の弦楽器の音色が聞こえた。
>
> この国に来たのは軍隊の使命だけでなく、別の目的があるに違いないという思いを持ったのはこのときだ。〔4〕

デニス・バンクスが抱いた、自分には「軍隊の使命ではなく他の目的があるにちがいない」という予感は、彼が軍の仕事の関係で次に移り住むことになった砂川の土地で、確信へと変わることになる。大阪の伊丹から横田基地へ転属になったバンクスに、恋人のまち子もついてきて、基地の町である福生で一緒に暮らすことになった。そのなかでまち子は娘を妊娠し、やがて出産することになった。日本において家庭をもち、基地の外に家をかまえて横田基地にかよう、バンクスにとっては充実した日々のなかで、砂川の闘争は起きていたのである。

二十歳そこそこのデニス・バンクスが家の近くを散歩していると、近所の農民たちに「あんた、GIかね」と呼びとめられた。農民たちは口々に、「私らは大切な農地をアメリカさんにもっていかせるわけにはいかないんだ」「GIはみんなアメリカに帰ってもらいたいね」と基地拡張に対する怒りを彼に訴えてきた。かねてより、戦後の日本がおかれた状況に同情していたバンクスはこのとき自分の境遇を振りかえってみて、「思えばアメリカ・インディアンもまた同じような状況に追いつめられ、同じような怒りをアメリカに対して抱いたのではなかったか」と、目を開かれる思いがしたのである。[5]

そして、一九五六年の十月がやってきた。日本政府の測量隊と反対派のデモ隊とのあいだの緊張は、日に日に高まっていた。十月十三日の午前中、デニス・バンクスはM‐16ライフル銃を肩にかけて警備にあたった。立川飛行場の塀の外に、日本の機動隊と警官隊がならんでおり、彼らが農民を中心とする四、五千人のデモ隊と対峙しているのをフェンスの内側から眺めていた。そこに日本山妙法寺の僧侶たちが出てきて、団扇太鼓を叩きながら「南無妙法蓮華経」と題目を唱えて平和を祈っていた。

そのときだった。いきなり日本の警官隊がデモ隊を襲撃しはじめ、僧侶たちの坊主頭を次々にこん棒で殴っていったのだ。僧侶たちはまったく抵抗せず、頭から血を流しながら祈りの言葉を発しつづけた。このショッキングな光景を目撃したデニス・バンクスは、自分が誇りに思っていたアメリカ空軍の制服を、はじめて恥ずかしいものなのではないかと感じるようになった。オジブワ族のネイティブ・アメリカンとして生まれ、白人たちにその土地も言葉も信仰も奪われた末に、同化政策のなかでアメリカの愛国者へと矯正されたバンクスは、その象徴である制服の血塗られた本質に気づき、砂川の農民たちに同じ土地を奪われた者として共鳴したのである。

砂川闘争からインディアン運動へ

亀井文夫が砂川闘争を撮った映画『流血の記録・砂川』の中盤では、十月十三日の天王山といわれた警察側とデモ隊側との衝突がクライマックスをむかえる。昼すぎに立川飛行場の第四ゲートの前に、政府の測量隊と武装した二千人の警官隊が到着する。それを迎え撃つのは、五千人の労働組合員と全学連の学生たち、そして地元農民によるピケ隊である。基地拡張反対派のスクラ

クライマックスの衝突シーン

ムの波が、警棒を振って暴行をくり返す警官隊を押しかえすかと見えたとき、とつぜん警官隊は道を外れて、栗原ムラさんというおばあさんの家を目ざして殺到する。そこを測量しようというのだ。それを阻止しようとした労働者や学生、お祈りをしていた妙法寺のお坊さんたちに警官隊が暴力をふるったことでケガ人が続出し、重軽傷者が八四四名も出たのである。これが「流血の砂川」と呼ばれる由縁である。

日本山妙法寺の坊さんたちが、あるおばあさんの家の強制測量を阻止しようと、垣根の前に立っていた。ぼくは警官隊がここを狙っているなと思った。（……）仮に農村出身の警官が多くてもそんなことを考慮するわけはない、畑を突っきってくるだろうと考えた。やっぱり来た。坊さんが警官隊と対峙しているカットはぼくが撮影した。坊さんが、うちわ太鼓をドンドコやっている、かかれっという命令の次の瞬間、その坊さんたちがなぐられて負傷する。[6]

『流血の記録・砂川』の映画には、十月十三日に妙法寺の僧侶たちがカメラの目前で、警官隊に対峙する緊張感あふれるシーンがある。砂川は広い地形になっているので、撮影のときに亀井文夫は計三人のカメラマンを現場へ入れていたが、この場面を撮影したのはたまたま亀井自身がまわしていたカメラだった。砂川の現場における亀井には、次にどこで何が起きるのかを予見できる、戦国武将のような才覚があったらしい。亀井は警官隊がおそってきたら、農民側に立ってともに闘いたくなってしまう性分の持ち主であったが、「映画をそういうふうに作ったら必ず一方的だといわれてしまう」と考えた。そこで、このときは撮影に徹することにした。デニス・バンクスが基地のなかから見ていた光景を、亀井はデモ隊のなかで間近に目撃していた。ふたりは飛行場のフェンスをはさんで敵と味方にわかれていた。

このはげしい衝突のシーンを、複数のカメラが撮った映像を多角的に立体的に構成して、亀井文夫はアクション映画のような編集で見せている。次々にトラックからおりてくる武装した日本の警官たち。足もとには踏みつぶされた芋畑。スクラムを組んで歌をうたうデモ隊と警官隊が対峙し、その間に入って「警官隊のみなさん、国を守るために良心を呼びさまして下さい」と訴えながら、祈りの言葉をとなえる僧侶たち。そして、両者が衝突する場面。打撲傷をおって横たわる僧侶。逮捕されて連行されていくデモ隊の映像に、画面外の僧侶のつぶやき声と悲壮な音楽がかぶせられる……。亀井はこの映画についてコメントを求められると「ここにはやらせも芝居もない、現実そのものの迫力による映画、これがドキュメンタリーだ」といったそうである。

『流血の記録・砂川』の後半部分になると、いっきょに人びとの勝利の喜びが爆発する。衝突から一日経った十四日のラジオ放送で、日本政府による測量中止の決定が伝えられたのである。それと同時に歓声があがり、人びとは「わっしょい、わっしょい！」と叫びながら、五日市街道にくり出す。世論が政府と警官の暴力に対して憤慨し、圧力を強めた結果、政府は中止を決定せざるを得ないところまで追いつめられたのだ。とても重要なのは、砂川闘争がアメリカ軍と日本政府に土地接収を撤回させる住民運動の例となったことである。このことはその後の成田空港反対運動にも大きな影響を与えたし、現代でいえば、沖縄の辺野古における基地建設で同じような構図がくり返されているからだ。最終的には、一九六八年に米軍は滑走路の延長をあきらめて、一九七七年に立川飛行場の土地は返還されることになった。もし仮に、砂川闘争において地元の土地を受けついできた農民たちの側が敗北して、農地が米軍基地へと拡張されるような事態になっていたら、後年デニス・バンクスというひとりのネイティブ・アメリカンが、あのような偉大な指導者になったかどうかはわからない。

国民が立ち入ることのできない米軍基地が増えていき、米軍の意のままに基地が拡張されるということは、その国土を戦争で勝利した側の占領者が自由に使うのに対して、地域住民の権利が守られないことを意味する。それに対して「ノー！」といって立ちあがった砂川の農民たちの姿は、アメリカ空軍兵だったデニス・バンクスに強い印象を与えた。彼は農民たちを暴行する警察と、それを背後から指示しているアメリカ軍の存在に対して反感をいだくようになった。最終的には、彼は軍法会議にかけられてアメリカに強制送還された。軍隊を除隊したバンクスはその失意からアルコール中毒になり、放浪や野宿生活をしながら安酒場でくだを巻いては、留置場に放りこまれる典型的なインディアンのひとりになってしまった。
砂川闘争から一〇年が経った一九六六年に、デニス・バンクスは友人と食料品店に夜盗に入った罪で懲役五年を言い渡された。彼は三十歳になっていた。刑務所のなかの更生プログラムと、多くの読書によって目ざめたバンクスは、自分たちインディアンが歴史的におかれた立場を省みて、政治、戦争、人種差別、貧困についての考察を重ねていった。二年後に仮釈放された一九六八年には、黒人を中心とする公民権運動の時代になっていた。バンクスは文無し、アルコール中毒、刑務所帰りといった社会の底辺を這いつくばる友人たちを集めて、ミネアポリスの会場でインディアンのための運動体の結成大会を開いた。あらゆる年齢の男女三百人以上がホールを埋めるなかで、バンクスはネイティブ・アメリカンがおかれている不遇が、アメリカという国と社会における人種差別に根ざしているのだと演説した。老人たちは何度も何度も大きく相づちを打ち、女たちは目に涙をためながら彼の話す言葉に耳をすませた。

「今こそ行動の時が来た。もはやあすに引き延ばすことはできない。さあ、立ち上がろう」私の呼びかけに、人々は生き生きと輝いた顔でわれんばかりの拍手を送ってくれた。始まった、運動はレールのうえをすべりだしたぞ。そのとき私はそうはっきりと感じた。インディアンへのいやがらせと暴力は終わるのだ。さげすまれ、社会の底でうごめくインディアンはいなくなるのだ。[7]

これがＡＩＭ（アメリカ・インディアン・ムーブメント）を組織して、のちに全米へと広がることになった運動の指導者デニス・バンクスが誕生したときの秘話である。ネイティブ・アメリカンが警官に暴行される写真を撮影して仲間を擁護したり、ネイティブの諸権利を訴えて西海岸からワシントンＤＣまで車による抗議の行進をしたり、この組織と運動は多岐にわたるさまざまな活動をおこなった。ここでひとつ指摘しておきたいのは、砂川闘争にデニス・バンクスが一介の米兵として立ち会っていた事実である。

なぜなら、その砂川の土地における経験が、その一二年後にバンクスが中心となってはじめることになった、ネイティブ・アメリカンの公民権運動に影響を与えたからだ。それは、アメリカと日本の近現代史におけるミッシングリンクである。もしかすると、砂川の農民にとっては、先祖伝来の土地を奪われるという本能的な反発にすぎなかったのかもしれない。その理由がどうであっても、歴史的に抑圧されてきた先住民が、覚醒するためのきっかけになった原光景として砂川がある。その当時の光景を、亀井文夫によるドキュメンタリー映画というかたちで、いま現在も見ることができるという事実に、わたしたちは感動をしてもいいのではないか。

（1）デニス・バンクス・リチャード・アードス、石川史絵・越川威夫訳『死ぬには良い日だ』三五館、二〇一〇年、七四頁
（2）デニス・バンクス、森田ゆり共著『聖なる魂　現代アメリカ・インディアン指導者の半生』朝日文庫、一九九三年、八〇頁
（3）『死ぬには良い日だ』六八頁
（4）『死ぬには良い日だ』六九頁
（5）『聖なる魂』一一〇頁
（6）亀井文夫『たたかう映画　ドキュメンタリストの昭和史』岩波新書、一九八九年、一四二―一四三頁
（7）『聖なる魂』一六〇頁

III

海人のフォークロア

オホーツク、漁《すなど》る人びと

土本典昭論

内海としてのオホーツク

わたしにとってのオホーツク海は何よりも、夏の日にサハリン島からながめた、砂浜のむこうに広がる蒼海のイメージである。

明け方、ユジノ・サハリンスク（豊原）からポロナイスク（敷香）へと北上する寝台列車のなかで、朝日のまぶしさに目をさました。テーブルの上に、同室のロシア人たちがつかったサモワールのカップが散乱していた。夏でも熱い紅茶を飲むのかと感心して、少し肌寒さを感じながら、ふと車窓の外に目をやった。ユジノ・サハリンスクとポロナイスクというふたつの町のあいだは岬状に伸びていて、数百キロにわたって長い長い浜がつづいている。そのとき、東方に見えるオホーツク海からあがってくる曙光に目をほそめて、その永遠にとぎれないのではないかと思えるオレンジ色の砂浜の美しさに、わたしは息を飲んだまま見とれたのであった。

しかしそれは、ただ美しいだけにとどまらない。オホーツクの海がもたらす恵みは、サハリンの民衆にとって身近なものとしてあるようだ。ポロナイスクの中心にあるレーニン広場を横切って、ソ連時代からの古い団地をぬけると、錆びついたトタン小屋が無数にならんでいる浜辺にでた。小屋には網や浮きなどの漁具が入っているのだろうか。北緯五〇度に近い北辺の島でも夏の日射しとなると、それなりにきつく、砂浜で日光浴を楽しむ人びとの姿がちらほら見えた。ポロナイ川の河口にむかって白い砂浜を歩いていたら、産卵を終えたあとに力つきたのか、波打ちぎわに多くのサケやマスの死骸が打ちよせられているのが目に入った。海鳥やカラスがそれに群がり、魚の肉をついばんでいる。

立ち止まってそれを何となく眺めていたとき、背中におおきなカゴを背負い、網を手にした大柄のロシア人の男が海からあがってきた。カゴの中身を見せてもらうと、見事なマスが数匹入っていた。産卵の時期に故郷のポロナイ川へともどってくるサケやマスは、人が網ですくえるほど大量にやってくるのだ。あたりを見まわすと、浅瀬で魚獲りをしている人の姿がほかにもあった。ポロナイスクの町は見捨てられたように古さびていたが、それとは対照的に、陸地にいては想像できないほどの豊かさが海中にあることが実感できた瞬間だった。

オーホツク海に注ぎこむポロナイ川の河口
（筆者撮影）

そのときは船で宗谷海峡をわたったのだが、海上の国境線をこえても、サハリン島における自然風土や漁労民俗は北海道の北部と地続きのものだと思えた。たとえば、わたしが七年にわたって教えを乞うている旭川アイヌの文化伝承者の長老《エカシ》は、常々「アイヌをもっとアキアジ（鮭）の獲れるところへ引っこしさせろってんだよ」と口ぐせのようにいう。たしかにサハリン島、千島列島、北海道にロシア人や日本人が入ってくるまで、そこはアイヌやウィルタやニヴフといった北方少数民族が狩猟や漁労中心の生活をいとなむ土地だった。あとから入ってきた移住者たちも、気候条件のきびしい僻地で生きるには、その風土に適した先住者たちの生活手段を学ぶしかなかった。

同じことを指摘したのは、『存亡の海オホーツク――８㎜旅日記　ロシア漁民世界をめぐる』（一九九四年）というドキュメンタリー番組を撮った土本典昭である。サハリン島、カムチャツカ、千島列島の漁民を取材したこの作品の冒頭のシーンにおいて、土本はロシアの歴史学者を前にオホーツクの地図をさしてこんなふうにいう。「オホーツクの海には、かつてはロシアもない、日本もない、しかし魚はやたらとあって、アイヌやいろいろな人々が国なんか作らずに魚を獲って生きてきた歴史があるんですね。これらの島々はアイヌの人たちの土地だったんです」と。この映像作品のなかで、土本が行く先々でアイヌやウィルタやニヴフなど北方少数民族について言及するたびに、現在そこで暮らすロシア人たちは「そんな昔のこと！」という表情で苦笑する。しかし、土本は本気なのだ。なぜなら、たかだか近代に入ってから国家間が帰属をあらそってきた地政学的な事実よりも、オホーツク海を中心にした圏域で暮らす民衆の生活慣習のほうがよっぽど古くて、本質的なものだと考えるからだ。

オホーツクは大海とはいえ、ロシア人はこれを〝内海〟と呼ぶ。そして帝政時代から〝宝の海〟と称してはばからない。地図で見比べると、オホーツク海をたわわなぶどうの大きな一房とすれば、不知火海はその一つぶの種核ほどしかない。その不知火海を見慣れた眼には、オホーツクは巨大で復活のエネルギーをたたえた海、まだ、すべてまだ間にあう、いばわ可能性を残した海に思われる。だが、同じく閉ざされた海である。資源のかたよった乱獲、密猟の横行、さらに核破棄物の墓場となっている今、この海もまた病む日を迎える。一旦病めば、とりかえしがつかないであろう。[1]

土本典昭は、水俣病に関する作品を多く手がけたことで有名な映画作家である。だが少し角度をかえてみれば、彼の映画は日本列島とその周辺の島々における「漁（すなど）る人びと」の生活や習俗に目をむけて、資本主義や国家のエゴと漁民生活のあいだに生じる相克を撮った作家だということもできる。水俣病の患者でとくに重い症状がでたのは「魚食い」、つまりは不知火海の恵みを受けてきた漁師の家が多かった。そんなこともあって、土本は『不知火海』（一九七五年）や『海とお月さま』（一九八〇年）といったドキュメンタリー映画では、表面的な公害の問題からもっと奥深くに潜行していくために、その土地の住民たちがもつ内海における漁労生活をつぶさに描くことにしたのだ。そしてその延長線上に、『海盗り——下北半島・浜関根』（一九八四年）や『存亡の海オホーツク』という、北方の海における漁師たちの営みを姿を描いた作品が撮られるようになったといえるだろう。

たとえば『海盗り』というドキュメンタリー映画では、日本国家が原子力船「むつ」の母港を建設することの保障金と引きかえにして、漁民たちが漁業権を失う決断を迫られた下北半島の漁村に取材している。東京や大阪のような都市から見れば、辺鄙な土地にあるがために下北半島の人たちは原子力関係の施設建設をせまられていた。その後、核燃料サイクルを完遂するという国家の方針のもとに、一九九三年から六ヵ所村に再処理工場の建設が進められていることは、誰でも知るところである。『海盗り』で描かれる下北半島の漁師たちの葛藤には、水俣病の患者を多くだすことになった不知火海の漁民たちの姿が重ねられている。土本は同じような構図を『存亡の海オホーツク』でも撮ろうとしたのだと思うが、そこには漁民の問題だけが横たわるのではない。『不知火海』という映画で、水俣湾に面する汚染された工場の排水溝に、稚魚やカキがもどってくるという「よみがえりのヴィジョン」を描いてみせたように、土本はオホーツク海においても、人間たちの手によって汚染されながら、魚介類という資源ではなく、さまざまな生命をはぐくみ、汲みつくしがたい恵みをもたらしてくれる海の姿を撮ろうとしたのではないか。

土本典昭によれば、映画『存亡の海オホーツク』のプロジェクトは次のようにはじまった。ソ連崩壊後の一九九二年六月十七日の朝日新聞に「北方領土映画、合作どうです」という、ロシアのセミョーン・アラノビッチ監督が日本の映像製作者たちに対して呼びかけているという記事が掲載された。アラノビッチはロシア人であるにもかかわらず、みずからも北方領土の返還論者だと名乗って、「ロシア人が今住んでいる島が歴史的には仮のすまいである事を島民の側から描きたい」というのだった。かつて択捉島、国後島、色丹島で暮らしていた元島民の家族を描くために、彼は日本側の共同製作者をさがしていたのだ。結局、知人のプロデューサーを介して、土本典昭がアラノビッチとともに共同演出をつとめることになった。土本はひとまず現地をくわしく調査することに決めて、八ミリビデオのカメラをたずさえたカメラマンの大津幸四郎と一緒に、北海道の道東に暮らしている元島民たちを取材した。そして一九九三年五月から六月にかけて通訳をともない、オホーツク海沿岸のロシア側地域の取材をはじめた。『存亡の海オホーツク』の製作へといたるプロジェクトが、北方領土問題についてロシアとの国境をこえて企画されたことは、九〇年代前半という時代にあっては珍しいことであった。だが、それが易々と地理的に国境をこえていったという点では、きわめてオホーツク海的なできごとだったといえるのかもしれない。

民族誌としてのドキュメンタリー

文化人類学や民俗学の分野においてなされる民族誌（エスノグラフィ）は、訓練された学者によるフィールドワークの調査とその体系的な記述だと長いあいだ考えられてきた。だが、民族誌を記述するために駆使されるノート、写真、スケッチ、旅行記、談話、音声記録、映像記録なども、それ自体がとても重要な民族誌の一部として見直すべきではないかと、マイケル・タウシグら昨今の文化人類学者は指摘している。ここでは、土本典昭による『されど、海　存亡のオホーツク』というルポルタージュの書籍と、NHKで二度にわたってオンエアされた『存亡の海オホーツク』「第一部 ソ連崩壊後の極東漁業の今」と「第二部 越境する魚たち波つらなるサハリン・北方四島」のドキュメンタリー番組を、九〇年代初頭におけるオホーツクの漁民生活をとらえたエスノグラフィックな資料としてあつかうことにしてみたい。

わたし自身は二〇一五年の夏に、北海道から海をわたってサハリン島にたどり着き、最初は港町のコルサコフに上陸した。そこから車で一、二時間ほど移動して、サハリンの最大の都市であるユジノ・サハリンスクにしばらく滞在した。それからこの文章の冒頭にも書いたように、岬状になった土地をひと晩かけて列車で北上した。ポロナイスクに到着して驚いたのは、白人系のロシア人がほとんどだったユジノ・サハリンスクに比べて、その町がアジア系住民の多い多民族の町だったことである。市場を歩いていると朝鮮系の人たちが多く、いろいろな種類のキムチが売られたりしていて、すこしだけ心が和らいだ。わたしのことが日本人だとわかると、朝鮮系ロシア人のおばさんが「ここでは日本人はほとんど見ないよ、なつかしいね」と日本語でいった。彼女のなかの日本語が頭をもたげて、口をついて話したくて、うずうずしている様子だった。

彼ら／彼女らの多くはいわゆる「在樺コリアン」であり、戦前の日本統治による樺太時代に、出稼ぎや炭坑での石炭掘りのために大日本帝国に強制徴用されて、サハリンに移住してきた人たちの末裔である。敗戦時に日本人がみな樺太から引きあげたときも、帰国することができずに残留した朝鮮の人びとが二万人ほどいた。それから、市内には北方少数民族の集落が二七あるということだった。わたしが調査して歩いたポロナイ川の対岸側にあるサチという土地では、ウィルタ、エヴェンキ、ツングースと朝鮮系のハーフ、日本人残留者の末裔の人たちに直接会って話をきくことができた。

土本典昭は撮影のためにサハリンにやってきて、ユジノ・サハリンスクでサハリン州政府の在留韓国人問題担当であるキム・デンヒに取材している。人口約五〇万人といわれるサハリン島において、社会主義の時代からせっせと個人の土地で野菜づくりにはげみ、いまや野菜市場を独占しているのはこうした韓国系ロシア人なのだ。キム・デンヒは自信をもって次のようにいう。

日本海には日本と韓国・北朝鮮・中国、それからロシアと五つの国がありますね。その代表は韓国人じゃないですか。韓国人はロシアの国にも住んでるし、日本にも中国の東北部にもいる、もちろん、北朝鮮にも。東アジア・極東を繋ぐことのできる唯一の民族は韓国民族なんです。〔2〕

やや身びいきに聞こえなくもない。だが、このようなオホーツク圏や日本海における朝鮮民族のディアスポラは、戦時中に日本が朝鮮人を皇民化し、労働力として利用したことが原因のひとつであったことを忘れてはならない。いうなれば、キム・デンヒは戦後のポスト植民地時代における、アジア系から見たサハリン史観の塗りかえを主張しているのだ。サハリン島はもともと先住者であるアイヌやニヴフたちの土地であった。一二七〇年という時代に、この島に最初に攻め入ったのはモンゴルであり、アイヌと蒙古人とのたたかいがあった。そして最初にサハリンの地図をつくったのは中国人である。「サハリン島は自分たちの領土だ」とロシア人や日本人が主張しても、それはオホーツク海の歴史を知らない人たちの妄言にすぎないと、キム・デンヒはいう。

これと同じことはサハリンの土地だけでなく、戦後に沿岸の国々があらそってきたオホーツク海の漁業資源についてもいえる。コルサコフの遠洋漁業基地のゾーリンは土本典昭のインタビューに答えて次のように話す。

現在、サハリン周辺に、ニシンがいなくなり、カレイも少なくなってしまいました。漁師が釣糸を垂れて釣っていたのならいいが、底引き網でやったのが原因です。あの間宮海峡でさえ、二百カイリ以前に、日本やロシア、韓国の漁船がみんなあそこで底引き網で魚を獲りすぎたし、海草を根こそぎむしってしまった。今になっては誰に一番責任があるとも言えないし、底引きの網で海草をなくしてしまったせいだとも断定できません。だが、結果的には三つの国の漁民が競って操業した果てに、ニシンが消えたと思いますよ。[3]

テレビ番組として放映された映像版の『存亡の海オホーツク』には、土本典昭たちがサハリン島からシベリアの大陸側にわたり、アムール川の河口にあるニコラエフスクの町で取材したコルホーズでの衝撃的なシーンがある。タタール海峡のむこう側には天気がよければサハリン島が見え、森の奥に入ればニヴフの集落があるという土地である。この人口五百人の村では、ギリヤーク（ニヴフ）式の漁法「ザイエズドク」をつかって、アムール川のサケやマスをとっているのだと漁師たちが説明してくれる。ザイェズドグの漁具は、細い枝で編んだ畳より大きいサイズの木柵と、電柱用の柱をとがらせただけの材木などからなる。

「アムール川を産卵しに遡上する〝サケ・マスの道〟ぞいに、二メートル間隔でその柱を打ち込み、全長二、三キロに及ぶ長い柵を仕掛ける。その端に建て網を張る。その網場の上に屋根つきの小屋を作り、発電機を据え付ける。サケ・マスが建て網一杯になると、動力で魚を汲む（あげる）と図解してくれた」。[4] 原理的には定置網漁法であるが、これは原始的で手間のかかる仕事である。このコルホーズが戦後五〇年ものあいだ、世界から取り残されてきた漁村のように思えてくる瞬間だ。実はこの漁法は、二〇世紀の初頭にこの地にやってきた「露領漁業」の日本人たちが、先住民であるニヴフの漁法に自分たちなりの改良を加えて、河口で魚の群れを一網打尽にするために考案した方法であり、ロシア人たちは現代でもその方法をつかっていたのだ。

ザイェズドク（『されど、海』より）

露領漁業、そして北方四島

それでは「露領漁業」とはいったい何であったのだろうか。その開拓村であったオホーツク村は、サハリン島北端の町オハから見れば、オホーツク海をはさんで対岸にある東シベリアの小さな村である。戦前はサケ・マスの露領漁業、つまり日本企業がロシア領で漁獲をするための基地として使っていた場所だ。こんなところにまでサケ、マス、ニシンを追って足を踏み入れたのかと、漁業にかける日本の情熱に少々あきれてしまう。ここはロシアの極東沿岸では最古の町で、人口は一万人。四つのコルホーズと魚の加工場があり、そのうちのひとつは先住民のエベン族のものである。土本典昭たちが到着したときは、ちょうど日ロ合弁会社の「オホーツク水産」が業績不振によって四年で解散したときだった。ドキュメンタリー版を見ると、村の漁民が土本たちをニシンの真空パック工場に案内する。ロシアにはパック用のフィルムがなくて、外国からそれを購入する費用もないのだと、途方に暮れるロシア人技師たちの表情が心に残る。

資本と欲望に突き動かされるようにして、オホーツク海の沿岸地域へと入っていた日本の漁業者の痕跡を、土本典昭たちの一行はカムチャツカ半島でも目の当たりにする。州都ペテロパブロフスクは東岸の不凍港で、カムチャッカ富士をのぞむ二万人の「エリート漁民」の町だという。しかし、土本の目的地はオホーツク海に面した開けていない西海岸のほうである。「目的地はカムチャッカ半島の裏、オホーツク海側のボリシェリエックである。地図の上の直線距離で百七十キロほどである。私には西海岸ならどこでも良かった。この海岸線に戦前まで、いわゆる露領漁業の漁場百五十二か所、加工・二十四工場、冷凍冷蔵庫・二十二棟(『日魯漁業経営史』昭和十二年当時)があった。日魯の〝北洋漁業場〟(露領)三百四十三の半数が西海岸にあった。その地を訪ね、その後どうなっているのかをこの目で見たかったのだ」と土本は書いている。[6] 土本たちはついに西

カムチャッカのコルホーズで船を担ぎあげる漁民（『されど、海』より）

海岸のコルホーズの海辺に立つことができ、この極地でも六月から九月のあいだであれば、自分でも働けるような温暖な気候だと実感する。

この一帯に今ごろの時期（六月一日）から日本人漁民が船で漁業場に着く。冬中閉じていた番屋と加工場を開き、桟橋を直し、罐詰工場のコンベアに油をさし、発電所に火を入れる。漁期が来る。休みもなく、河口の定置網でそれこそ五種類のサケ・マスを獲り、素朴な形の流れ作業で魚を罐詰工場に送る。一日十二時間から十六時間労働で、漁期の終わる九月末まで四か月、この〝露領漁業場〟で働いた（『日魯漁業経営史』より）。

最盛時の昭和七年当時、オコック（オホーツク）からカムチャツカの両海岸、三百余の漁業場に漁夫一万八千人が働き、二千数百隻の魚艇やランチが岸と網の間を働きまわっていた。漁夫はすべて〝純粋な季節労働者〟であった（前掲書）。[7]

このコルホーズでも大津幸四郎のビデオカメラは、原始的な漁民の風景をとらえて、わたしたちの眼を驚かせてくれる。ロシア人の十数人の男たちが浜辺に着くやいなや、浜からの勾配を全員でボートを担ぎあげて運びあげるのだ。土本典昭は「帝政時代の民衆画家レーピンの描いたボルガの舟引きの世界を彷彿させた」とその感動を言いあらわした。そこからもわかるように、土本がこの日ロ共同プロジェクトの映像製作を引き受けて、『存亡の海オホーツク』というドキュメンタリー作品を撮ったのは、彼が若いころに共産党員として夢想した社会主義の行きついた姿を、ソ連崩壊後のオホーツク海をまわることでそれを確認しながら歩きたかったからなのだ。

社会主義の壮大な実験は失敗に終わったというのに、そこに暮らす人びとに対しては尽きせぬ共感をおぼえてしまう土本典昭の視線は、北方領土に移動してもなんら変わることがない。戦前に日本人がつくり、戦後も五〇年近く使っている択捉島の国営ふ化工場のルバルジンとタマーラ夫人は、ソ連が崩壊してしまったので、今度は「日本人と一緒に住んだら良い」と主張している。戦後の択捉島では、しばらくのあいだロシア人と日本人が同居している状態が続き、一緒に働いたり縫いものを習ったりした記憶が残っているからである。「この人は北海道に行って帰ってから一ヵ月くらいは何をする気もなく、ボーッとしていたんです。よほど日本がショックだったらしく、〝俺は馬鹿の国から文明国へ行ってきた〟とブツブツいいながら」とタマーラ夫人はいう。この夫婦は老後のために貯金を五万ルーブルほど貯めていたのだが、それがインフレで紙切れ同然になってしまった。そして、ロシアが戦争に勝って手に入れた択捉島から、対岸の日本領である北海道に行ってみたところ、戦争に負けたはずの日本側のほうがはるかに豊かになっていることを目撃してしまい、「いったい私たちの人生はなんだったのか」と価値観が根底から揺らいでしま

サハリンの漁業コルホーズで働くニヴフの漁民
（『されど、海』より）

う事態に直面していたのだった。

北海道、北方領土の島々、サハリン島、そして東シベリアの湾岸といった、オホーツク海を丸く囲むようにしてある沿岸地域。そこにはアイヌやニヴフやウィルタといった北方少数民族、ロシア人、日本人、朝鮮人といった人たちが、たがいにその言語、その文化、その種族を混淆しながら暮らしている。オホーツク海に面する土地や島々では、生活のために欠かせない漁労を中心にして、公の歴史には登場しない民衆がたがいに知恵を交換しあってきた姿が見える。それは、密漁という漁労の接触史のなかで、マイナス面と見なされる場面でも同じことがいえる。国後島のゴロブニノ（泊）の浜から対岸の北海道をながめると、夜には町明かりが見えるという。海にひかれた国境線までは相互に一〇キロしかない。ロシア人はカニやエビやウニを食べないので、日本にその魚介類が売れるとわかるまで、ロシア人はそれらをほとんど獲らなかった。そのため魚介類の豊富なロシア側へ国境線をこえて、国後島付近で密漁をする日本船があとを絶たなかったのだ。

戦後の北方四島に移り住んだのは、若いうちに稼ぎたいと考えて大陸からやってきたロシア人たちだった。国後島に住むジェルノブイノフは、日本人との文化接触についてこんな証言をする。最初ロシア人が国後島にきたとき、そこは無人島も同然で、どのように生活を立てたらいいのかわからなかった。短い期間だったが、日本人たちが魚の獲りかた、料理の方法、ジャガイモや野菜の栽培の仕方を教えてくれた。しかし習うための時間が充分ではなく、目の前に食材の宝庫である海があるのに自分たちは飢えていなくてはならず、もっと日本人たちからいろいろ教わっておけばよかったと悔いているという。ここで彼は、日本人が特権的に優秀な漁民だといっているのか。いや、決してそうではない。北方四島の住民たちがアイヌから日本人、日本人からロシア人へと変遷しようと、そこでおこなわれる漁労のあり方は大きく変わらないことをいっているのだ。

土本典昭が書いた本『されど、海』と、その映像版である『存亡の海オホーツク』において興味ぶかく映るのは、千島列島で日本人が密漁し、反対にロシア人が日本の漁具を盗んで試行錯誤で自分たちの漁業を形づくったという、両者のきわめて人間くさい姿である。それができるのも、オホーツクという豊かな漁場があるからだ。「オホーツク海はシベリア大陸からのアムール川に支えられている。これが日本の水産物の約四割を支えているとしたら、私たちはシベリアの森に育まれていることになる」と土本はいう。[8] 大きな生態系から見れば、シベリアの陸地で育まれたプランクトンなどさまざまな生命がアムール川に溶けこみ、それを待ちかまえて食べる生き物や魚たちがいる。流氷が真冬のアムール川やサハリン島から流れていき、北海道に行き着いて春先まで溶けずにいる。その流氷の下に苔が生え、太陽光で繁殖して、成長するために海を旅するサケやマスの食糧となる。そのような大地と川と海の恵みを得て、人間たちが生きているのがオホーツクという小宇宙なのだ。

このような土本典昭のヴィジョンは、やはり大きな食物連鎖の輪からのがれられない人類の悲劇、つまり水俣病事件によって形成されたものであるにちがいない。不知火海でもオホーツク海でも、漁労の上に生活する民衆の姿に変わりはない。オホーツクの漁民の知恵は国境や民族をこえて共有され、伝承されるものだ。ところが、資本主義や国家の権益は豊かな漁場に線を引き、たがいの領海を主張しあい、中央にとって不都合なものは辺境の海へと押しつける。ロシア民話の早く老いた美しい娘のたとえ話にあるように、いつまでも豊かで変わらない海だと思って乱獲や核廃棄物の投棄をつづければ、海は病んで取りかえしがつかなくなるのだ、と土本は警鐘を鳴らすのである。

（1）土本典昭『されど、海　存亡のオホーツク』影書房、一九九五年、一頁
（2）『されど、海　存亡のオホーツク』二九七頁
（3）『されど、海　存亡のオホーツク』二五一―二五二頁
（4）『されど、海　存亡のオホーツク』二〇〇頁
（5）『されど、海　存亡のオホーツク』二六七頁
（6）『されど、海　存亡のオホーツク』二七一頁

（7）『されど、海　存亡のオホーツク』二七一頁
（8）『されど、海　存亡のオホーツク』四一三頁

交雑する池間島

伊良波盛男の詩

池間島のアイデンティティ

三月に宮古群島の北端に位置する池間島を訪れたとき、そこはすでに海びらきを間近にした初夏の陽射しであった。本島の北の岬は、地形がふたつにさけたヤジリのようになった「雁股」にそっくりであり、この岬のつけ根にある集落は「狩俣」と呼ばれている。その集落をぬけて車で長い岬をゆっくり走っていると、世渡崎のところで突然視界が開けた。サンゴ礁の白い砂浜がとぎれて、そこからライトブルーの遠浅の海がつづき、透明度の高い海底まで見とおせる海峡が広がっている。海のむこう岸に、七百人弱の島民が暮らす、平たい池間島の島影が姿をあらわした。

一九九五年三月にかけられたという池間大橋の手前で車をおりると、もわっとした暖気とさわやかな海の香りが鼻孔をついた。橋からながめる光景は、この世のものとは思えないほど美しい。宮古本島と大神島のあいだの海は、風がつよくて波が荒いことで知られる渡りづらい海だが、本島と池間島の関係はそれとはだいぶ趣きがちがう。この世からあの世へと橋渡しするような安らかさと神々しさがあって、池間島はイキハテル島のことだという俗説があるくらいなのだ。池間島はイーヌブー（北の入り江、池間湿原）という広がりのある場所をもった島という意味であるのだが、たしかに本島を北上してきた心持ちでブルーというよりはグリーンに近い浅瀬の先にある池間島をながめると、古代の人がそのような気持ちを抱いたことにもうなずけてくる。

宮古群島の人びとのたましいは、死後、世乞（ゆーく）いの日に池間島にあつまるという伝承は確乎として今も残っている。また池間島には灯台の付近の銀合歓（ぎんねむ）のおいしげった野原に、たましいが天にのぼりおりする場所がある。たましいの跳躍する台となる石もある。[1]

ティンカイヌーインツ（筆者撮影）

ここで民俗学者の谷川健一は、池間島の方言でティンカイヌーインツ（天に昇る道）とよばれる巨大なサンゴ岩のことをいっている。わたしもこの場所をおとずれたが、島の人たちからは荒神がおわすアラドゥクル（荒所）と怖れられているらしく、さまざまな草木やガジュマルの気根がおいしげっていて、とても岩にあがるどころか近づくことすら困難な場所だった。池間島の人の話によれば、岩の頭頂部には階段のようになった場所があるとのことだ。宮古群島の北端にある池間島の、さらに最北部の湾岸にあるティンカイヌーインツからは、海中にある広大な八重干瀬《やびじ》を見おろすことができる。そして、その先にはひたすらに東シナ海が広がっている。宮古島や池間島の人がここを死後のたましい、つまりはカン（神）が昇り降りする場だと考えたのは、とても自然なことのように思えた。

池間島に生まれ育った詩人の伊良波盛男には、「何もない島の話」という詩がある。[2]それによれば、詩人は熟年になってから東京暮らしをやめて、老父母の面倒を見るために島にもどってきた。彼の目には、池間大橋がかかって島を一周する舗装道路もできた現在の島の、グローバル化のなかにおかれているナイーヴな状況が見えてくる。この詩では、ちいさな島に一年をつうじて多くの観光客がくる様子を描いている。地元の観光業者は、こんなに観光客がたくさん訪れると「島が傾くよ」と冗談をいい、「また必ず来ます」という旅人に対して、土着の老婆が「この島には、何もないよ、美味しいものもないよ」と真顔でいって当惑させるくだりがある。

わたしが訪れたときにも、東京やアジア各国から観光バスでやってきた旅客が池間大橋から蒼く美しいサンゴ礁の海に見入り、そのなかの家族連れがウハマの白砂で遊び、展望広場のレストランで宮古そばに舌鼓を打つ女子大生たちの姿を見かけた。大橋が完成して二〇年が経ち、それなりに観光地として定着している様子であるのに、「この島には、何もないよ」という老婆の真意はいったいどこにあるのか。観光バスやレンタカーで池間島へきて、海の絶景とハート岩を見て、ユニムイ原で野鳥観察を楽しむだけが池間島ではないと詩人も言いたげであり、同じように島の老婆は観光客に対して「(あなたに見えるものは)何もないよ」と諭すしかないというのか。島には新しい名所ができて、そこがにぎわっているのとは対照的に、刻々と失われている島の伝統的な精神文化や信仰の世界があって、両者のあいだに横たわる深い溝を暗示した詩だと読むことができるだろう。

ひとことでいえば、池間島の表面は「何もない島」というレイヤーにおおわれている。だが、その下に隠れている古層のレイヤーが見える人間には、この島ほどあらゆるものが詰まっている場所もないくらい、豊かなフォークロアをたたえているのだ。その様子がよくわかるのが、伊良波盛男の「島一巡」という詩である。[3] 詩人は「ビュー号二世」と名づけた自転車で島めぐりにでかける。詩人の目に映るものは、観光マップにも案内標識にもないものばかりである。前里と池間の集落をでた詩人は、ナッヴァ御嶽、トゥヌガナス御嶽、マハイナス御嶽を拝んでまわる。西海岸のかつて風葬地であった洞窟では「先住人の神骨に合掌」し、人間の死後のたましいが西方浄土を目ざして天上に昇るという嶺をあおぎ見る。フナクスという地では、昔この地を治めた「四島の主」が埋め立てたという、かつてのせまい海峡を透視する。そうして神だかいナナムイ御嶽とオハルズ御嶽を拝みながら、池間遠見台の石段をあがり、大パノラマから大神のおわす大神島と、神々のやどる狩俣の蛇入江に合掌する。

　詩人が「四十分の非日常遊行」と呼んでいるのは、このようにふつうは島民にしかみることのできない聖地を巡礼するルートがあるからだ。一般の人にはなかなか見ることができないヴィジョンを示すのが詩人の仕事のひとつだとすれば、伊良波盛男は島の民俗研究をバックボーンにして、池間島の古層を可視化することのできるフォークロア詩の書き手だといっていい。伊良波のこのような感性は、島のムヌスーだった祖母の山城メガサラから受けついだものだった。ムヌスーは「もの知り」のことであり、ユタやカンカカリャとおなじく民間巫女であり、霊魂のことに通じている人をさしている。

お祖母（ばば）は、ときどき神霊や死霊の声を聞いて、どこどこの森のなかに神様が降臨したとか、どこどこの道の曲がり角に悪霊がいたとか、お祖父（じじ）とボクにはなした。島で人が死ぬときには、それを予言したりした。お祖母（ばば）の予言は、そのたびごとに的中したので、ボクは得意になって世主（ゆぬす）にはなした。お祖母（ばば）の噂は、人から人へ伝わり、島中にひろがった。数々の予言が的中すると、お祖母（ばば）はいよいよ巫女として、島の人たちから厚く信望されるようになった。[4]

詩人の記憶は三歳のとき、昭和二十年の沖縄決戦の年からはじまる。海辺の赤瓦の家に「空襲警報、空襲警報」という男のさけび声がきこえてきて、うすぐらい洞窟のなかに避難し、入り口をアダンの木でふさいだ。そのときにいた家族は、オジー、祖母、母、叔母、私の五人であった。島のたいていの人は、台湾や南洋群島のポナペ島（現在のポンペイ島）やほかの島々に移住していた。内地や宮古本島からみれば、イキハテル島にみえるかもしれない池間島も、その地に住む人たちからすれば、その先の台湾や南洋へと開かれていたことが、この詩人の幼少期の記憶からもうかがえる。九死に一生をえて海軍から帰還した父が二十歳、母が十九歳のときに詩人は生まれたのだが、父母はどういうわけか、子を実家に預けておいて、アダン葉のむしろが一枚おかれただけの荒屋の間借りを転々としていた。そして詩人はムヌスーであった祖母のメガサラの手で育てられたのだった。

伊良波盛男が詩集『幻の巫島』のために書いた序文「海辺の赤瓦屋根の家」では、戦後すぐの池間島の様子が、詩人の家族の生活史をとおして語られる。それによれば、祖母メガサラの最初の夫は、若いころに南方の島々をまわった放浪者《ゆらりむん》で、妻と娘三人を置きざりにして行方知れずになったあと、終戦の前年に台湾で亡くなった人である。祖母と伊良波にとっては天上の神さまで、その後「神様オジー」と呼ばれる祖神になった。次に祖母の夫になったのは妻子を捨てて移ってきたオジーで、彼は酒とタバコの好きな一本釣りの漁師《インシャ》だった。このあたりに終戦前後の池間島の男たちの暮らしぶりと、池間島が海洋として台湾や南洋へと開けていた様子がうかがえる。戦前にミクロネシアなどの内南洋、フィリピンやボルネオなどの外南洋へ、カツオ漁の一本釣りやカツオ節の製造のために出て行った人には沖縄出身者が多かった。当時の池間島には人がたくさんいたので、地元のカツオ船に乗れない若者は、台湾や南洋へ稼ぎにでた。伊良波の祖父の神様オジーや漁師のオジーのこと、あるいは戦火をさけて台湾やポンペイに避難していたという挿話には、この島と南洋の島々とのつながりの強さが見てとれる。

笠原政治の著書『〈池間民族〉考』に、おもしろい考察がある。この本は宮古群島のなかで、池間島とそこから移住して集落をつくった宮古本島の西原、伊良部島の佐良浜の人たちのあいだに、みずから「池間民族」を名乗るアイデンティティがどのように形成されていったかを、多角的に検討しためずらしい民族誌である。笠原によると、海洋民族を自認する池間の人たちが盛んに南洋へ出漁することになったのは、実は近代に入ってカツオ漁業がはじまってからのことだった。沖縄の南洋移民は大抵サイパンなどのマリアナ諸島にでていったのだが、池間島からの移民はポンペイ島、トラック諸島、ボルネオ、台湾などに移住した人のほうが多かった。これはマリアナ諸島への移民が、サトウキビの生産や鉱物の採掘などの労働が主であったのに対して、池間島からの移民は漁業者による出漁であって、南洋移民にもふたつの流れがあったことがわかる。[5]

五万人あまりの人口をもつ宮古群島のなかで、七百名余りの島民とそのほかの土地に散っている池間出身者たちのなかには、みずからのことを「海洋部族」とか「池間民族」と呼ぶ人たちがいる。たしかに池間島の方言や習俗には、宮古のほかの土地と異なる特徴が見られる。そのことが、池間の人たちにがっしりとした体躯の人が多く、遠く南洋の人たちのように二重まぶたのぱっちりした大きな目に、日にやけた浅黒い肌をもつという俗説をともなって、民族意識にまで高まっていったことは興味ぶかい。一本釣りや銛で魚をとる男たちのたくましさ、畑仕事や祭祀に明けくれる池間島の女たちの伝統生活をかえりみて、あるとき「池間民族」という自覚をいだした知恵者がいたのである。だが、池間島の人たちが東シナ海や南洋などのさまざまな外部へとみずからを開き、外からやってくるものを取り入れて、文化的、言語的、信仰的に交雑していったことの方が、よほど海洋民として本質的なことに思える。それはどういうことか。

海洋民の民間信仰

沖縄のなかでも宮古群島は先島とされ、その最北端にある大神島や池間島は宮古でも辺境とされている。そこには現代になってもまだわずかな蔑視のグラデーションが存在しているが、だからこそ本島側の狩俣集落や島尻集落を標高七〇メートルの山から見おろす大神島は神だかい島としてみずからを誇り、池間島の人たちは背後に八重干瀬や東シナ海をひかえる海洋民族としてみずからを認識しようとする。

実際に現在の池間島へいってみると、島民はおおっぴらに性の話題を口にするくらいに開放的で、ちいさな島社会における閉鎖性や孤島苦とは無縁のようにも見える。その一方で、海の彼方に対するあこがれはずっともちつづけてきた。島に幸福と豊かさと刺激をもたらすものは、海のむこうから運ばれてくるのであり、そのため海岸に寄りつくものを待望する生活を長年くり返してきたのだ。わたしは池間島の西岸の砂浜にうち寄せられた、中国語の文字が書かれた空きバケツを見たことがある。そのようにして、島では海岸にやってくる生き物はおろか、海賊、海岸の寄りもの、漂着死体、疫病までが神聖視されて、カン（神）としてまつられてきた習俗がある。

日本列島からもたらされたとされる鍛冶の技術もまた、八重山や宮古ではそれを伝えた人が神として御嶽にまつられた。伊良波盛男は「ふたりの母」という詩において、「鉄（かに）はふたりの母をもっていた。／生みの親ハチと育ての親メガサラである」とみずからの出自について書いている。[6]「カニ」は池間島での詩人の童名であり、「盛男」は和名であって、池間島でうまれた詩人は最初からふたつの名前と二重のアイデンティティをもっていた。カニやカネという童名には、鉄のように丈夫な男の子に育ってほしいという親の願いがこめられているのだろう。それは同時に御嶽の神さまの名でもあり、神名にカネやカニが最後につくものは鍛冶の神を意味する。

金属製の道具や農具が手に入りづらかった宮古では、鉄をもたらすものは神的な力であった。それでは、宮古と八重山が琉球王朝の統治下にあった一五世紀から一七世紀には、鉄はどのように輸入されたというのか。谷川健一は「沖縄における鉄の輸入は日本からもたらされたものであった。沖縄には鉄と交換し得るほどに魅力のあるものがとぼしい。ではなぜ鉄が輸入されたかと言えば、中国産の青磁とそれを交換するためだった。ただし当時、明国では青磁は禁製品となっており、貿易品ではなかった。そこで沖縄を根拠地とした倭寇が、中国沿岸まで出かけていって青磁を略奪してきて、それを日本からもってきた鉄と交換した」という説を紹介している。[7]鉄を手に入れるのに、沖縄などを拠点にしていた海賊や密貿易者たちが関わっていたという見立ては刺激的でさえある。実際に宮古群島には、倭寇が上陸したという口碑がたくさん残っているからだ。

わたしが池間島の人たちがもつ海彼《かいひ》へのあこがれを感じたのは、島に滞在しているときに一部始終を観察することができた、豚をつぶして神にささげるワーガンニガイ（豚・神願い）という供儀のときであった。昼すぎに池間漁港のわきにあるナカマグス（仲間越）の浜へいくと、多くの車がとまっていて、島の人たちは仮設テントを建ててガス設備や調理具を運びこんでいるところだった。白い砂浜に鉄杭が一本打ってあり、そこに前足と後ろ足を束ねるように縛られた豚が横になっていた。神さまに航海安全のニガイをする行事であるとのことで、日にやけた肌の屈強な男たちが笑いながら大きな包丁を研いだり、豚を丸焼きにするためのガスバーナーの炎を試したりしている。

そうするうちに、ナナムイ（七森）にあるウハルズ御嶽からくだってくる山道を、琉球絣のあい着物のうえに白い羽織をまとった、ふたりの中年女性のネガインマがゆっくりとおりてきた。彼女たちは海のむこうを見はるかす浜にゴザを敷き、そこに神さまへの供物である泡盛、米、お菓子をならべてお香を焚きはじめた。ふたりの背後に経験者の老女がひかえて、たどたどしくニガイの文句を読み、儀礼をおこなうふたりに対して、あれこれと細かい指示をだしている。ネガインマは神願いのできる者か、ムヌスー（ユタ）を招いて依頼するものだという。

いよいよ豚をつぶすということで写真撮影は禁じられたが、そのまま見学することは許された。もし写真が表にでて役所や保健所に通報されれば、伝統行事ができなくなってしまうからだった。男たちが豚を海水につけて洗うと、砂浜でロープと木の棒をつかって首をしめた。夕暮れどきの砂浜に豚の苦しそうなかん高い叫びが鳴り響いた。太っているためか、いくら男たちが豚の首をしめても、顔

ネガインマたちの神願い（筆者撮影）

が青くなるばかりでなかなか絶命しない。生あるものの命をうばうことの労苦が、神にそれを捧げて航海安全を願う気持ちの強さと比例するのかもしれない。ようやく息をひきとった豚はバーナーで表皮の毛を焼かれて、ふたたび海で洗われると、大きな台の上で手ぎわよく解体されていった。四、五名の男たちが包丁を手に談笑しながら、手ぎわよく内臓を取りだしてバケツに入れ、豚の手足を切断し、骨から肉を切りはなしていく。ふしぎと心が浮きたつような空気がその場にただよっており、豚をつぶして親類縁者にご馳走をふるまったという、昔からの習俗の心根を見たような気がした。

池間島の私的なワーガンニガイには海人たちの航海安全のほかに、船主の願い、家や地所の願い、安産祈願、島民が病気や事故で死にかけたときの身代わりなどがある。伊良波盛男が交通事故で入院し、手術を受けた二〇〇一年十二月にはンヌッタイニガイ（命代願い）がおこなわれ、そのおかげもあってか幸運にも生還することができたということだ。[8] あえなく交通事故にあった池間の人の命の身がわりに豚を屠殺するというのだから、供儀の儀礼として昔ながらの直接性を残すものだといえる。伊良波は「神様に食べられた豚」という詩のなかで、少年時代にワーガンニガイがおこなわれた夜の島の雰囲気を、子どもの目線からつぶさに描いている。

ワーガンニガイ　豚の人身御供とツカサ

岬の上に月が昇って海岸を照らしたとき、無表情な唖男のにぎりしめた刀が、豚の喉元に突き刺さった。豚には、一声もなかった。世主（ゆぬす）とボクは、息を呑んで見入っていた。唖男の口が歪み、さらに刀を執拗に押しこんで回すと、鮮血が音を立ててバケツに流れた。それぞれの格好で身構えた男たちは、赤い血の流れを見つめていた。バケツを下においた男が、落ちたばかりのあったかい血塊をわしづかみにすくいあげて「くすりになってくれ！」というなり、ペロリと呑みこんだ。[9]

それから豚はまっ黒に焼かれ、海の水で洗われて、腹がさかれて内臓が取りだされた。豚の面影はなくなり、見る見るうちに男たちの手で赤い肉片になっていった。

海辺は、豚の血であかく染められた。男たちが荷物をかついで歩きだしたので、ボクたちも後を追って海岸をあがっていくと、ランプがついて開け放された世主の家には、大勢の人がきていて内と外にガヤガヤしていた。庭のガジマルの下に石をおいてつくられたかまどの上では、鍋のなかの湯が沸騰していた。軒下の月影で、女の人たちがおにぎりをつくっていた。家のなかの片隅には、子供たちが横に並んで眠っていた。世主とボクもそこへいき、列の端に毛布をひろげてそのなかにもぐりこんだ。

どれだけの時間が経っただろう。半覚時のぼんやりした意識のなかで、お祖母（ばば）の低い呪文がきこえていた。カミガカリ様の異様なしわがれ声も耳に入った。カミガカリ様とお祖母のふたりは、豚は、竜宮の神様に捧げられたというはなしをしていた。[10]

ナカマグスの浜のすぐ横に池間漁港の突堤があり、そこに竜宮の神をまつった祠がある。だが、そのような形として見えるものはあまり重要ではないのだ。島の人たちが亡くなると、海の彼方にあるとされる竜宮（死者の国、ニライカナイ）へいって祖神となり、島を見守っていて下さるという祖霊崇拝の心根のほうが大事なのである。伊良波盛男の実の祖父がなくなって「神様オジー」になったように、その父や母や祖父や祖母やそれ以前の祖先が年に何度かのまつりのときに祖神として島へもどってきて、豊穣や健康や子孫繁栄をもたらしてくれるという考え方が背後にあるのだ。伊良波がみずからの島のことを巫島《みこじま》とよび、そこで暮らす人びとのことを巫民とよぶのは、ワーガンニガイに見られるような古来からの行事や祭祀をつたえてきて大切に守ってきたからであろう。

池間島の悪魔祓い

そのような神願いのなかのひとつに「リュウキュウニガイ」と呼ばれるものがある。文字どおり竜宮の神さまに対する祈願であるが、これは漂着死体を発見した人、それを運んだ人、溺れかかった人を助けた人、海で遭難しかかった人、そのほかに命にかかわる災難にあった人がおこなうニガイである。「豚を殺して神願いをする。昔は頭を海に流した。神願いの時、四足の先端、耳、鼻の先を切りとって神に供える」と野口武徳は『沖縄池間島民俗誌』に書いている。[11] 海のむこうからやってきた死体が、どれだけ強烈な力をもつと考えられてきたかがわかる行事である。

伊良波盛男の詩「神様に食べられた子豚」のなかには、彼が少年時代に水死体を見た日のことが描かれている。水死体があがった日、詩人の家は完全にしめきって、青い茅でつくった十字形の魔除けで門をふさいだ。そうしないと、死霊が家のなかに忍び入ってきて、その家の人間に乗りうつるからである。水死者は島民から顔をそむけられるほどに怖れられ、忌み嫌われていた。在りし日の伊良波少年は戸の節穴から、水死者をはこぶ一行が家のまえを通りすぎるのをのぞき見ていた。

> 内心ふるえながら、目をそらしたり、覗いたりしていると、ものものしい形相のカミガカリ様がひきいる死の一行があらわれた。暗く沈んだ貌の四人の男たちにかつがれた戸の上に、雨ガッパでおおわれた水死者の異体があった。そのうしろからは、女たちが哭き叫んで通っていった。
>
> 水死者は、人影のない薄暗い部落を運ばれ、畑や原野をこえて、部落とは正反対の北の

入り江の洞穴へ投げ捨てられる風習であった。島の古くからの掟として、水死者は、祖先の本墓に納めることはできなかった。いったん家に霊安されて、遺族や親族に見守られ、長い葬列をつくって天国へ送りとどける葬儀も冥福の祈りも、許されなかった。[12]

この文章から伝わってくるのは、水死人の霊がいかに強力であり、島の人たちに対して悪いことをもたらしかねない不吉な力をもっていることだ。だからこそ、集落から遠くはなれた洞穴であるアウグムイ（青籠）に運ばれたのだろう。ここは死の国の入口と考えられており、水死人のほか、キガズン（怪我人）や自殺者など、通常ではない死に方をした人の遺体が投げすてられる場所だった。伊良波盛男も少年時代に、人間の頭蓋骨がごろごろ転がっているのを見たと証言している。

これまで見てきたワーガンニガイは私的なものだったが、その他に池間島には公的なニガイというものもある。たとえば旧暦の十一月におこなわれる、動物の死骸や漂着死体、疫病の流行などに対するスマフサラ（島臭ら）という悪霊祓いの行事では、同じく豚をつぶして肉を細切れにして各家庭に配る。豚の骨は護符として、本州に残る習俗でいえば勧請縄のように、集落の三ヵ所に空中に縄をはってぶら下げる。そして、女性たちは悪霊祓い用の手草で異臭や疫病神を払いながら、ニガイの言葉を唱和しつつ島じゅうを駆けまわるというのだ。ワーガンニガイの本質が神への祈願というよりは、海や天候や疫病などの人知をこえる力に対して供儀をささげることで、あらかじめ不幸を避けようとする呪術の面をもっていることがよくわかる。豊穣をもたらす神も、災厄や不幸をもたらすマジムヌ（魔物）も、ひとしく海の彼方から来訪するものだと想像されたのである。

かつての池間島にはさまざまな漂着死体がたどり着いたらしく、それらの一部は漂着神として今もまつられている。たとえば、トゥヌガナス（殿加那志）御嶽にある石積みのミャーカという古塚には、ヤマトから流れついた人物が埋葬されたと伝えられている。「昔、この地に漂着した大和船から、羽織はかまの綺麗な男が棺桶の中に葬られていた。棺の中には刀剣もあり、又守護神も滞納されていたと伝えている。恐らく、大和のどこかの地方の豪族か武家が、旅行中死んだのを葬ったのであろうと話している」と、伊良波盛男は『池間嶋史誌』の記述を引用しながら、このトゥヌガナスは倭冦の武将だった人だと結論づける。[13]

島に漂着したヤマト人の死体の霊を鎮めるためなのか、トゥヌガナスは島民による手厚い保護によって埋葬されて、のちには鳥居も拝殿も建てられて島の里神になっており、学問の神、出世の神としてあがめられているところがおもしろい。異境からきた忌むべき海賊の頭領の遺体ですら、ていねいに葬って霊魂を鎮めたうえで、自分たちの里神として島社会に取りこんでいるところに、島人のたくましさを感じて感心してしまう。

ところで、ヤマト（日本）や中国との行き来のほかに、宮古群島と池間島には南洋からの漂着者による遺風とされるものがいくつかある。慶世村恒任が書いた『宮古史伝』によれば、人が亡くなったときに豚を屠って会葬者に饗する習俗が、むかしの宮古にはどこにでもあった。これは古代に亡者の死屍を食べる風習だったものが、次第に豚を代用するようになったもので、「骨を噛（しず）が行か」つまり骨をかじりに行こうという言葉が「葬式に行こう」という意味に相当したというのだ。この行為はヤマトにも古代からあったもので、日本列島の各地に人骨を煎じてのむ信仰として残っていた。また、死屍を食べる風習が南洋のマレー系部族から伝わったとする見方もある。慶世村は「それで宮古島にも上古マライ種族が住居していて日本民族の征服するところとなり、その間に雑婚等が行われて現住民に及んだため、その風習が遺ったのであろうと云う説を為す人もある。一考に価することである」と書いている。[14] 南洋からの漂着者やマレー系人との文化接触という点では、島尻集落や来間島の仮面神パーントゥが人食い鬼として伝承されていることと考えあわせると、なかなかに想像を刺激するものがある。

それだけではない。池間島の文化伝承者であった前泊徳正が語ったとされる「ダビワー」という古い風習についての報告もある。それによると、むかしの池間島にはお墓はなくてすべて風葬だったが、五十歳以上の人がなくなると炊いて食べる習慣があった。五十歳以上というのは、それより若くして亡くなった人は、ふつうの亡くなり方ではないと考えたからであろう。その後、死者を食べる風習は途絶えて、ダビワーでは死者のかわりに豚を食べるようになった。「わたしも小さい頃（ダビワーは）いくらでも見ているよ。豚をつぶして炊いて祈願して、出棺前に参加している人たちに一切れずつ配って食べて、それから出棺した。（……）ユタが、ダビワーをしてみんなで食べないと、死んだ人が神にならないというからそうしている。自分の親を食べているような感じなものだから、食べるときはあまりいい感じがしないものだ」と、その風習をおぼえている人は語ったという。[15]

このような食屍の風習自体は、日本列島から東南アジアにかけて各地にあったものであり、特筆することでもない。しかし、それが池間島や宮古の島々において葬儀のときのダビワーや、ワーガンニガイで豚をつぶす慣習などの記憶の奥底にあるのだとしたら、わたしたちは一度立ちどまって、それらを考察してみる必要がある。そこにはヤマトや中国、八重山や台湾にとどまらず、その先にあるフィリピンやマレー半島などの南洋世界との交流のなごりが保存されているのかもしれないからだ。それは戦前に海洋民族として南洋へどんどん出ていった、池間の人たちのサニ（産根、遺伝的な種）にふさわしいあり方のように思える。いずれにしても、宮古群島の北端にある池間島は「何もない島」であるどころか、土着の文化と漂着者たちの文化が複雑に混淆し、たがいに交雑をくり返しきた場であるといえる。たくましいまでの生命力と独自性を発揮してきた、海洋へ開かれた島であることは確かなのだ。

（1）谷川健一「太陽の洞窟」『谷川健一著作集　第六巻』三一書房、一九八一年、二〇一―二〇二頁

(2)伊良波盛男「何もない島の話」『超越』あすら舎、二〇一四年、三八頁
(3)「島一巡」『超越』二四頁
(4)伊良波盛男「神様に食べられた子豚」『幻の巫島』矢立出版、一九七九年、三六頁
(5)笠原政治『〈池間民族〉考』風響社、二〇〇八年、九三—九七頁
(6)『幻の巫島』二六頁
(7)谷川健一「海人の道」『谷川健一著作集　第六巻』三八四頁
(8)伊良波盛男『池間民俗語彙の世界』ボーダーインク、二〇〇四年、七〇—七一頁
(9)「神様に食べられた子豚」『幻の巫島』四七—五〇頁
(10)同前『幻の巫島』四七—五〇頁
(11)野口武徳『沖縄池間島民俗誌』未來社、一九七三年、二七〇頁
(12)「神様に食べられた子豚」『幻の巫島』四三—四四頁
(13)伊良波盛男編著『新編　池間島の地名　池間島の聖地』池間郷土学研究所、二〇一〇年、一七六—一七八頁
(14)慶世村恒仁『新版　宮古史伝』冨山房インターナショナル、二〇〇八年、一七五頁
(15)松居友『沖縄の宇宙像』洋泉社、一九九九年、九一—九五頁

竹富島の神司

神秘体験の聞き書き

竹富島の鍛冶の神

太陽が天高くのぼれば、ほとんど夏と変わらぬ日射しの強さであった。石垣島の離島ターミナルから小さな船に乗ってしばらくすると、浅瀬では緑がかったトルコ石のようであった海が、見事なコバルトブルーのふかい青味へと姿を変えていった。本州では秋の深まってくる時期に、大海のなかの八重山《やいま》の島々をめぐっていたときのことだ。このときは石垣島と西表島とのあいだにある、竹富島、小浜島、黒島といった小さな島の御嶽を歩くことが目的だった。むろん、それらは海によって隔てられた別の島々である。だが、共通する祭祀や習俗や民話なども多くあって、島と島が海の底でつながっていることも実感されて、ひとつの八重山という世界をつくっているように実感された。

竹富島の集落には、観光写真などでよく見かけるように、赤瓦の屋根をした民家が軒をつらねていた。せまい通路に白いサンゴ砂を敷きつめており、昔ながらの原風景をうまく残している。ところが、その風景よりもわたしを夢中にさせたのは、その場に居合わせることができた「鍛冶屋ぬ願い」という祭事だった。これは旧暦の十一月七日に、ンブフルと呼ばれる見張り台の近くにある、鍛冶屋御嶽《カジャーハイショ》でおこなわれるものだ。この御嶽には鍛冶の技術に不可欠である三つの元素を司る神さま、すなわち火の神、水の神、風の神の香炉が安置されている。風の神は、鉄などの金属を精錬するときに使った「ふいご」という送風の装置に由来するという。

竹富島の「鍛冶屋ぬ願い」（筆者撮影）

鍛冶屋御嶽のまえで待っていると、青い八重山上布《ミンサー》の着物を着た熟年の女性や男性が十名前後集まってきて、お堂のところを掃き清めていった。『竹富島誌』には「夜通しふいご祭りを行なう。翌日は神司、部落の有志、鍛冶師の親戚たちが集まり、盛大に祝杯を上げる」とあるが、かつてはそのような行事だったのだろう。[1] それから御嶽の砂地のうえにござを敷き、口々に「どこの誰それはどうしている」などと楽しげに話に花を咲かせながら、お神酒とご馳走をならべていった。女性たちが着物のうえに白い神衣裳を羽織って、香炉にたくさんのお香を炊くと、新田さんと呼ばれる女性を中心に祭祀がはじまった。彼女が神司《カンツカサ》なのか。彼女が願い口をつぶやき、ほかの女性たちは一心にお祈りをしている。願い口を録音させてもらったのだが、『竹富島誌』に正確な文言があったので、そちらから言葉を引いてみる。

大鍛冶《うふかじ》ぬ　長鍛冶《なーかじ》ぬ　神《かん》の前《まい》
上大和《ういやまとぅ》　たんやまとぅ　たんたき　たんしじから
大《うふ》がま　姉妹《ぶなる》がまぬ　神《かん》ぬ前《まい》
大鍛冶　長鍛冶の　神さま

上大和　唐大和　たんたき　たんしじから
大姉　姉妹さまの神さま[2]

むかしの八重山諸島では、鉄をつくりだす物質が産出されなかったので、外部から竹富島に鉄が伝わってきたのは一五世紀ごろのことだと考えられている。大きなサンゴ岩や石が多いこの島では、農地を開墾するのはひと際苦労をともなったらしく、鉄の鍬《くわ》が使えるようになることは重要だった。そのため農作物の収穫に欠かせなかった鉄器に対して、本州でいう「鍛冶屋のふいご祭り」と同様に、収穫の感謝をする祭りをおこなっているのだ。そこまでは本州の祭りと大して変わらないのかもしれない。

わたしが見ることのできた竹富島の「鍛冶屋ぬ願い」では、人びとが神に願《ニガ》いをするときの声や、お祈りをしたり手を叩いたりするときの所作に、何ともいえない畏怖心がこめられているように感じた。それから、おばぁたちはこのときはまだ見ず知らずの人間であったわたしを、祭祀のあとの共食に招き入れてくれた。こういうところが南島を旅しているときの何ともいえない喜びである。振るまいの煮しめや天ぷらをいただきながら、わたしはその畏怖心がどこからきているのか考えていた。

八重山の古謡や民俗を研究した喜舎場《きしゃば》永珣《えいじゅん》は、『八重山民俗誌』の「フギイヌ祝（鞴の祝）」のところで、「鍛冶屋は刃物を鋳造するところであって、これで人を殺したり、動物を殺生させるので一種の罪業であるから其の罪亡ぼし、即ち「償罪」の意で此の祭りを取り行う」と書いている。[3] かつての八重山の祭祀では、この罪をあがなうという心が強くあったのではないかと思う。それから、願い口における「大鍛冶」「長鍛冶」の神という言葉はいいとして、「上大和」「唐大和」の神とつぶやくところに注意する必要があるだろう。なぜなら鍛冶を司る守護神が、日本の本土からきたといっているからだ。この竹富島には、旧暦の九月から十月におこなわれる、年中行事のなかでもっとも盛大な不眠不休のお祭り、種子取祭《タナドゥイ》がある。そこで奉納される狂言「鍛冶屋の鞴の歌」にも同じようなことが歌われている。

ヤマトゥヌ、シィマカラ　大和の島から
ワタサバエー、　渡さば
ヤシロヌ、フンカラ、　山城の国
ウツサバエー、　移さば
ヤイマ、タキドゥンニ、　八重山、竹富に
カイクミティ、　買い込んで
ハマヌ、マサグヤ、　浜の真砂は
クミティンドゥーエー、　米だそうな[4]

大和国も山城国も、いまの奈良から京都にかけての近畿地方にあった国である。この狂言は、年貢としての上納米のことから語りはじめて、鍛冶のつくり方やその伝来、そして農具をつくることによって世果報《ユガフ》を祈願する内容になっている。また、この歌自体は、鉄を精製するための鍛冶の技法や鉄の輸入が、日本の本土から八重山に渡来したことを歌っているものだ。このことは、由来記や御嶽の伝承とも一致する。喜舎場永珣によれば、「鍛冶屋の鞴《ふいご》の歌」の歌が終わると、鍛冶の祖神は「トゥー、トゥー、トゥ」といって、火のなかからヘラや鉄の鍬を取りださせる。だが、まだ熱いので前打ちのひとりが火傷をした仕草をしてみせ、狂言らしい笑いをとる場面だという。この歌や狂言には、むかしの竹富島における生活のあり方が垣間見えるだろう。

それにしても気になるのは、竹富島の御嶽や年中行事の奥深いところに、八重山の外側からきた大和の神の存在があることだ。それは島人によって長いあいだ大切に祀られている。「鍛冶屋ぬ願い」の祭祀や「鍛冶屋の鞴の歌」は、そのほんの一例にすぎない。このあと見ていくことになるが、それは大和や山城国に限られたものではなく、ほかの沖縄や奄美の島からきたという神がいたり、唐からやってきた神がいたり、その由来はさまざまである。これは一体、何を意味するのだろうか。

竹富島の神司になること

わたしは「鍛治屋ぬ願い」の年中行事を見学させてもらったあとで、その祭祀を取りおこなった神司である新田初子さんに時間をとってもらい、じっくりとお話を聞くことができた。それは、竹富島をはじめとする八重山世界における神と人との関係を教えてくれる、さまざまな示唆に富んだ話であったので、ここに詳しく紹介しておきたい。

「初子おばぁ」こと新田初子さんは、長年「民宿新田荘」を経営してきた七十五歳の女性である。夫は婿養子として新田の家に入ってきた人だった。三人の子どもに恵まれて、いずれも男の子であった。新田さんがはじめて神さまの存在を意識したのは、十四歳のころのことだ。突然、目が悪くなったので病院にいったが、医者にはその原因がよくわからなかった。そこで人に勧められるがままに、竹富島にひとりいたユタに相談したところ、新田さんの先祖が波利若御嶽《バイヤーオン》の初代の神司《カンツカサ》をつとめた人だったと教えられた。それで新田さんには若いときから霊験があったのだ。

竹富島では六山《ムーヤマ》と呼ばれる六つの重要な聖地がある。波利若御嶽《オン》はそのなかのひとつである。ここに祀られている神は、徳之島から渡来した塩川殿《シューカードゥン》と伝えられており、雨の神として崇められている。八重山諸島では、御嶽の神さまにお仕えして祭祀を取りおこなう神司の仕事は女性の役目と決まっていた。

「あなたも神司になる宿命をもって生まれているから、御嶽でお参りして神さまに約束すれば、目は自然に治るだろう」

ユタは新田さんにそう告げた。しかし、そのときは彼女はユタの言う通りにしなかった。

次は新田初子さんが二十歳をすぎた頃のできごとだった。ちょうど子どもが生まれて子育てがはじまった時期で、さらに民宿の仕事の切り盛りもあって、大変忙しい時期のことだった。忙しい最中で月に二回も祭祀を主催し、ときには夜籠りをしなくてはならない神司の仕事など、とても自分には務まらないと思った。そこでお祭りのときには、竹富島に当時は二人だけしかいなかった神司のおばぁたちの手伝いをすることで、せめてもの罪滅ぼしをしていた。ところが、まるで老婆がリュウマチになるかのように、若い身空で手が動かなくなってしまったのだ。病院にいっても原因がわからない。そこでまた、竹富島にいたユタのお婆さんのところに相談にいった。

「それは、神さまがお前に神にお仕えするようにいっているんだよ。神さまはお前がどうしてお祭りで給仕などしているんだ、神司を務めなさいと仰っている」

そのようにユタは教えてくれた。だが、このときも新田さんは「自分には神司なんて到底務まらない」と思ってしまった。なぜなら、竹富島で旧暦の九月から十月におこなわれる種子取《タニドゥイ》の祭りでは、神司たちがとても重要な役割を果たすことになるからだ。竹富島の西端にあるニーラン神石は、海岸に突きでた大きな石のことだが、その石は神さまが船を着けて綱を結ぶところだと伝えられている。そこで「世迎え」をして神をお迎えし、人びとが待つ集落まで案内する大事な役目を任されるのだ。

「そんな大変なことは、自分にはできない」

そのときも新田さんはそのように考えた。三人の男の子たちの子育てがあった。なんとか神司の務めをしなくて済むように自分を騙していた。そんなふうにしているうちに、愛しい夫が若くして亡くなってしまった。夫の死後しばらくしてから、今度は徐々に自分の目が見えなくなった。さまざまな医者に診てもらったが、「原因がよくわからない」と首を横に振るだけだった。そこで新田さんは特別に霊験が高いとされるユタに相談するために、わざわざ沖縄本島まで出向いたのである。

「お前が神司の務めを果たそうとしないから、神さまが徴《しるし》を与えているんだよ。もっと早くに神司を引き受けていれば、夫だって亡くさずに済んだだろうに」

沖縄本島のユタはそういった。それから、新田さんはふしぎな夢を一週間くらい続けて見た。自分が野原のようなところで、芭蕉布の衣裳を着た多くの人たちに取り囲まれている。そして、その人たちがだんだんと輪を狭めていくなかで、その輪の中心で自分だけがうずくまっている。人の輪がもっとも小さくなり、自分の視界が人びとの足でいっぱいになったところで、いつもハッと目がさめるのだった。そして起きると必ず、ひどい寝汗をかいていた。神さまがもう逃げられないことを諭しているのだと思った。

その後、しばしば頭のなかで神の言葉が聞こえるようになった。神さまの存在は目で見たり、直接その声を聞いたりできるものではない。たとえば、何度も同じ夢を見るようなかたちで、そのお告げを知らさせれることになる。あるいは、頭のなかで神さまの声が聞こえるということでメッセージを受けとるのだ。

「久高島に行きなさい」

そのような声が頭のなかで聞こえたので、民宿の商売をしめて仕方なく沖縄本島の外れにある久高島へいった。そして、その島にある御嶽を参拝してまわった。それから同じように神にいわれるがままに、沖縄の糸満にある御嶽や、離島の伊平屋島にある御嶽にもいくことになった。同じ八重山諸島では、西表島や与那国島も訪ねなくてはならなくなった。新田さんはそのようにして、五年かけて沖縄じゅうの御嶽という御嶽を参拝し、お祈りをしてまわった。いわば、それが彼女の神司としての修行時代であったのだ。そうしているうちに、目の病いも治ってしまった。

神司は、その年の干支に生まれた年女しかなることができない。平成四年（一九九二年）の一月二十四日に、新田初子さんは神司になるための「神開き」をおこなった。その日は午前中から竹富島にある二四の御嶽《オン》のすべてに、お祈りをするために訪問してまわった。そして午後になって公民館にいくと、誰が頼んだわけでもないのに集落の人びとがすべて集まっていて、ご馳走をつくって盛大に祝ってくれた。その場で公民館長や集落のお偉いさんたちを前にして、神司としてお披露目された。

竹富島にはかつて六人の首長がいて、それぞれの氏子が御嶽を祀っている。それが親元のようになって、さらにその下にいくつもの御嶽があるという仕組みなのだ。新田さんが神司を務めることになった波利若御嶽は、奄美諸島の徳之島から渡来した雨の神を祀っているが、興味ぶかいことに、ほかのムーヤマの神も渡来神ばかりだ。たとえば、久間原御嶽《クマーラオン》の神は、沖縄本島から渡来した久間原発金と伝えられており、木の神、山の神である。家を造った人びとはこの御嶽にお参りをすることになっている。花城御嶽《ハナックオン》に祀られている神は、やはり沖縄本島から渡来した他金殿《ダガニドウン》と伝えられており、海の神として崇められている。それぞれ波佐真御嶽《ハザマオン》は屋久島より、仲筋御嶽《ナージオン》は沖縄本島から、幸本御嶽《コントウオン》は久米島からきた神だといわれている。

そのため本来であれば、ムーヤマの御嶽のために六人の神司がいなくてはならないのだ。ところが、新田さんが神司になるまでは、たった二人の神司で竹富島の年中行事をこなしていた。そこへ新田さんが三人目の神司となったので、集落の人たちはとても喜んでくれたのである。それから二四年というもの、新田さんは神司を務めつづけており、いまでは竹富島の神司は五人にまで増えている。

そうはいっても、いきなり神司の職能がつとまるわけではなかった。祭祀や御嶽でのお祈りのときに唱える、神口《カンフツ》と呼ばれる祝詞をおぼえなくてはならない。それは膨大な量におよぶのだ。新田さんよりも前の世代の神司たちには文字が読めない人も多かったから、口から口へと口頭で伝承されてきたものだ。神司としての仕事を教えてくれた二人の先輩も、手とり足とり教えてくれるわけではなく、「自分たちがやっているのを見て覚えなさい」としかいってくれなかった。しかし、新田さんは早く神司の仕事をおぼえたかったので、専門の研究書を手に入れて、それを書写して暗記するようにしていった。これは特異なことであった。

新田さんのそのような姿勢に対する先輩たちの反発は強かった。「神口はそのように覚えるものではない」と言い張ったのだ。しかし、新田さんは自分のやり方を貫きとおすことにした。一度、沖縄本島のユタに相談しにいったところ、「お前の名前は「初子」という。それは親がつけて、初めてのことを切り開く運命にある子どもにしたからだよ。「初」という字は、衣へんに刀と書くね。お前は神司の衣をきて、刀を前に突きだして、いままでにないことをやっていくことになるんだよ」とユタはいってくれた。その話をきいて、名前というものは親が何気なくつけているように見えて、その子どもの運命を決めてしまう大変なものだと新田さんは感心した。

竹富島の神司といえども、時代が変われればその時代にあった方法を身につけていかなくてはならない。いまでは新田さんとほかの四人の神司は、神口を紙に書き写して記憶していく方法をとっている。そのほうが間違いも起きないし、正しく詠んだほうが神さまも喜んでくれるにちがいないと考えるからだ。そして何よりも、新田さんが神司になるまで神司になることを躊躇していた女性たちも、書き写して暗記してもいいのだということを知って、これまでよりも神司を務めようと前向きに考える人が増えたのだ。現在、新田さんは竹富島の神司として島の年中行事や祭祀をになう中心的存在となっており、後進の人たちの指導にもあたっている。

新田初子さんが話してくれた神司としての半生のなかで、わたしが注目したいのは、竹富島の精神世界の中核をなす六山の御嶽のことである。それが神話伝説の領域をでないものであるのか、それともこの島を代表するような氏族のルーツについて歴史的に考察をするための材料を与えてくれているのか、わたしには判断がつかない。いずれにしても、新田さんの氏族が祀ってきた御嶽は奄美の徳之島からきた神を祀っており、ほかの御嶽は琉球起源を伝えていたり、話し言葉や文化がかなり異なるほかの島々とのつながりを示すかたちで伝承されている。島の有力者であったような人物が、ある氏族の祖神に格上げされるプロセスのなかで、八重山諸島の外側からきた人ということで何らかの神話化がなされたのかもしれない。

そのことは、新田さんが神司になるまでの過程について話してくれた内容とも相似形になっている。貴種流離譚とまではいかないが、彼女は神司の血筋に生まれた人であり、さまざまな人生の困難を経て、数年間島外の聖地を訪問することをつづけたあとで、神司の地位についている。鍛冶の祖神が登場する狂言にしても、奄美や琉球からやってきたというムーヤマの御嶽の由来譚にしても、ある人が神司になるまでの人生の物語にしても、無意識にある種の神話的なパターンをなぞっているように見えるのだ。権威や聖性が発生するためには、島外から力をもった存在がやってきたという神話が必要とされたのか。それとも、先史時代から八重山諸島では航海術がわたしたちの想像以上に発達しており、大和や唐や琉球との往来も盛んで、さまざまな文化が交差する島々で民族的にも混淆した人たちが暮してきたというのだろうか。

海洋に開かれた島々

新田初子さんたちが執りおこなった「鍛冶屋ぬ願い」の祭祀が終わったあと、わたしは鍛冶屋御嶽のすぐ裏手にある「ンブフル」と呼ばれる遠見台にあがってみた。サンゴ石を積みあげた石垣が残っていて、いにしえの風情を偲ぶことができる場所だ。ンブフルとはおもしろい語感であるが、むかし島の住民が飼っていた牛がその角で地面を突きあげて丘をつくってくれたときに、「ンブフル、ンブフル」と鳴いた声に由来すると伝承されている。かつては竹富島の全島が見渡せた場所であったという。いまでも展望台から海のむこうに石垣島や西表島の姿をながめることができる。

黒島の遠見台「プズマリ」（筆者撮影）

八重山の島々をめぐっていると、このような遠見台にあちこちで出くわす。たとえば、竹富島の近くにある黒島には「プズマリ」と呼ばれる場所がある。いまでは史跡になっているが、石灰岩を積み重ねた小山か石の砦といった印象である。黒島は山や丘がほとんどない平たい島であり、以前はこのプズマリが島で一番高い場所であった。琉球王府の時代に使われたもので、海上を行く貢船や異国船を監視するためにつくられたそうだ。船がいくのを見ると、火や煙を使って黒島の遠見台から別の島の遠見台へ次々に合図が送られて、最終的には石垣島にあった琉球王府の役所に通報していたという。むかしから八重山諸島が、さまざまな国籍の船が出入りする海上交通の要所であったことがわかるエピソードである。また、小島と小島がネットワークとしてつながっていて、ひとつの八重山という世界を形成していたあり様もうかがえる。

わたしたちは、南島に古代をしのばせる祭祀や風習が残っていると、それを「長いあいだ大海のなかにポツンとある孤島であったがため、古いものがよく残されているのにちがいない」と考えがちだ。しかし、八重山はほかの島々と海を越えてさまざまなやりとりをするだけでなく、日本列島よりも近い中国大陸やフィリピンとも交通していたと考えるほうがよほど自然ではないか。たとえば、八重山の真っ白なサンゴ砂の浜を歩いていると、よくハングルで書かれたペットボトルや、中国の簡体字が書かれたブイなどが漂着しているのを見つける。浜辺にたどり着いたさまざまな寄りものからも、海を介してほかの地域への広がりということをまざまざと感じるのだ。

海辺の寄りものといえば、黒島に伝わるちょっと怖い漂着物の話がある。西暦で一八〇〇年ごろの黒島におけるできごとだ。正体不明の唐船が、黒島の東南にある砂浜に漂着したことがあった。それを発見した島の人は、すぐに村の役人に通報した。そのあと役人たちが急行してその漂流船を調べあげた結果、ふしぎなことに、その船にはまったく人が乗った形跡というものがなかった。その代わりに、きれいな絹や布をたくさん積んでいた。


なかでも目についたのは、長さ二米位に直径一米位の円筒形の塗り物の美しい箱が一個だけ安置してあったことである。(……)村人は、この謎の箱を開けて一々点検したところ、そもこれはいかに、丁重に絹布や種々の薬品等で包まれた「ミイラの屍」であったのに一同はびっくり仰天して逃げ去ろうとした。その村民を役人はくい止めて、「これ、心配するな。元通りに絹布で包み、丁重に蓋をして磯辺に埋葬せよ」と命じたので村人等は、役人の命のままに埋葬したのである。[5]

どうやら、これは中国南部において風葬するときに、遺体を船にのせて送りだす習俗があって、それが東シナ海あたりを渡って八重山まで流れついたものだったらしい。多くの絹や布を積んでいたのは、このミイラとなった遺体が高貴な人のものであったからだ。海の彼方から来訪してサンゴ礁の砂浜に寄りつくものには、何かしらの人知を超える力を宿していると想像されることがあるのではないか。この南島の挿話にはつづきがある。それから百年後の一九〇〇年ごろ、ひとりの島人が薪木をとるために、知らないうちにこの唐船のミイラを埋めた墓地を荒らしてしまった。百年間、法要もなく顧みられなかったミイラの霊魂は大いに怒り、それから二年のあいだ黒島にネズミの大群を発生させて、人びとが育てあげた作物を喰いつくさせた。

霊験あらたかなユタに占ってもらったところ、「これは漂流船でたどり着いた白骨の祟りであるから、白骨をすべて海に流しなさい」というお達しがあった。それで島の人たちはその通りにしたのだが、ますますネズミの群れは増殖するばかりだった。まるで黒島の全体が焼け野原のようになってしまった。そこで別のユタに相談したところ、まったく反対に「墓所を清掃して、お詫びのために法要をおこない、外にでた白骨があったらもとの場所にもどしなさい」といった。海に流した白骨を見つけることはできなかったので、竜宮神にそのわけを話してお詫びをし、島民みんなで大焼香をしたところネズミの姿は消えてしまったという。一九三〇年からはこのミイラを「乾震大神」として祀り、神殿を建てて信仰するようになり、これが黒島にある「乾震堂」の由来となっている。

このようにきちんと口碑が残っているものと、そうでないものもあるだろうが、竹富島の鍛冶屋の御嶽にせよ、黒島の乾震堂にせよ、八重山の外である大和や唐からきた存在は、ふつうではない技術や力を島にもたらしたのだ。その霊魂を神として崇めて感謝の気持ちをささげるにしても、あるいはその祟りをおそれて信仰するにしても、島人は海のむこうからきた存在を自分たちの生活習慣のなかに取りこんでいったのだともいえる。そこには、迷信や伝説を素朴に信じてきた信心深さがあるとともに、八重山の人たちが外来のものを受け入れるときの鷹揚さやしたたかさがあるようにも感じる。

本当に古代の八重山諸島の姿に迫りたければ、貝塚や遺跡などから出土される土器などを研究するのがいいのだろう。たとえば、鍛冶の伝来の言い伝えを裏づけるかのように、七世紀から九世紀ごろの無土器時代の遺跡からは大和朝廷がつくった貨幣や鉄器が出土している。大和人の渡来なり、交易による行き来なりがあったという物的証拠である。「続日本書紀」にも、八世紀に八重山を含む南西諸島から島民たちの来朝があったという記述が見られる。もう少しあとの時代のものだと、竹富島に残された「新里村《しんざと》遺跡」がある。これは一二世紀から一三世紀に形成されたもので、ここから竹富島の集落が発祥したと考えられている。この遺跡からは土器のほかにも、いろいろな種類の中国製の陶磁器、鉄の鍋、鉄製のヘラ、小刀といったものが出土されている。

竹富島は日本の本州よりも中国やフィリピンに近い地理環境にあり、東・東南アジア地域と歴史や文化の面で深い関わりを持ってきました。島の北側にある新里村遺跡からは、大陸との物流をうかがわせる一二世紀から一四世紀の中国製の陶磁器が発掘されています。一五世紀以降は首里王府と明・清との間で交流・貿易をおこなうマーラン船（沖縄島や宮古諸島、八重山諸島を往来した中国式の帆船のこと。）が海上を行き来し、明治・大正時代になると台湾との往来も盛んになりました。竹富島をひらいた始祖とされる六人の首長も、沖縄島や久米島、屋久島、徳之島といった島々から海を越えてやってきました。[6]

ここまで見てくると、石垣島や竹富島や黒島といった八重山の島々が、大和や琉球から隔てられた辺鄙な場所であるどころか、中国大陸や台湾とそれらを結ぶための重要な航路にあり、盛んにさまざまな交易がおこなわれていたことがわかってくる。鉄器や陶磁器や貨幣は、なかなか手に入りづらいがゆえにハイカラな輸入品であったのかもしれない。それと同じように、首長たちが権威を発するときや、宗教的な指導者の聖性を保証するものも、八重山の外側から迂回してやってこなくてはならなかった。何らかの特別な力を発揮するためには盛んに大海に舟をくりだして、海の彼方で暮らす人びとと交流し、自分のなかに複数の力を生起させて、それらを混ぜあわせて強度をあげていく必要があったのだ。それはニーチェ的な「力への意志」であるというよりは、エドゥアール・グリッサンのいう「列島的思考」に近いといえる。

列島的思考は我々の複数世界の歩みに合致している。それは我々の世界の曖昧さ、もろさ、派生的性格からアイデアを借用している。それは迂回の実践を容認する。迂回は逃走でも諦念でもない。（……）否、それはこの世界からまさに列島となって伝播したもの、広がりの中に見られる多様なもの、多様でありながら幾多の岸辺を結束させ、幾多の地平をめあわせるもの、そうして現実に与するものである。[7]

大陸的なシステムを構築する思考とはちがって、列島的な思考は開かれた海洋的な世界のなかで排他的にならず、島々が混交し、浜辺と浜辺が交錯するための場を生み出すのだ。そのような海洋を中心とした世界観においては、八重山よりも文化の進んだ地域との交流ばかりがあったのではない。台湾の原住民、フィリピンの先住民やマレー系人、そしてほかの太平洋上のミクロネシアの島々との往来もあったはずだ。

石垣島の宮良、小浜島、西表島の古見などの集落に伝えられているアカマタ・クロマタの祭儀には、南洋の島に漂着した八重山の人が、そこから未開で野蛮と考えられていた人びとが信仰していた農神の仮面を盗んできたという由来譚がある。喜舎場永珣は「アカマター祭祀の神謡及びその他の八重山古謡等を研究して行く限りにおいては、南方地方との関係がすこぶる濃いように思われる。現にその神事に唄われている歌の節々には「トゥ」（唐）とか「マナバン」（真南蛮）とか「アンナン」（安南）とか、あるいはまた「ハイヌシィマ」（南の島々）などという南方地方の名称が明確に出てくる事実」があるので、外来の習俗のように思えてならないと書く。〔8〕南洋からきた来訪神がさまざまな豊穣をもたらすという祭祀における根本的な思想と、列島的な思考とのあいだの関係性については今後考察する必要があるだろう。

八重山の砂浜に寄りつく漂着船だけではなく、海に出たあとに帰ってこない人も多くいたことは想像にかたくない。「陰膳《かげぜん》」は日本列島の随所に見られる習俗である。遠い土地に旅立った家族の無事を祈り、その者が飢えたりすることがないように、家族と同じ食事を用意したり、本人の好物を供えたりする。石垣島では「徳の膳《トクヌジン》」といい、この陰膳の習慣に関しても八重山らしい由来譚が残っている。

むかし石垣島の人が船出をして、見も知らぬ国に漂着してしまった。異国人の助けを得て一、二年ほど暮していた。あるとき洞穴の穴掘りを命じられて働いていたところ、土砂崩れがおきて生き埋めになってしまった。神に祈っていると、頭のてっぺんが欠けた異形の者が現われてからパッと消えた。そうすると、飢えを感じなくなった。二、三日後に救いだされて、数年後に故郷の八重山に帰ることができた。家ではすでに死んだものと思い、位牌を立てて焼香もしていた。そして、毎日三度の宛膳を供えていた。ふしぎなことには、その位牌のてっぺんが欠けていることが符号していたのである。[9]

八重山の白く美しいサンゴ砂の浜辺には、色とりどりの熱帯の魚が泳ぎ、干潮時の浅瀬のリーフには、蟹やエビや蛸が海からの恵みとして残される。それが海からもたらされる祝福であることは確かだ。それと同時に、浜辺には異国の船が漂着し、おぞましいミイラや畏れ多い外来の神が寄りつき、見知らぬ人やネズミの祟りも波間を漂って海のむこうからたどり着く。その寄りものの放つ力をみずからのために役立てるのか、ひたすら畏れて神として崇めるかは、そのときどきであった。それがどのような存在だとしても、島の人たちは陰膳をするときと同様に、目に見えないものもそこにいる家族であるかのようにして迎え入れたのにちがいない。なぜなら、旅立っていった身内の者も、海の彼方の地では異境の人たちによって同じような処遇を受けているだろうから。

(1) 上勢頭亨『竹富島誌 民話・民俗篇』法政大学出版局、二〇一三年、一五八頁
(2)『竹富島誌 民話・民俗篇』二一一頁
(3) 喜舎場永珣「八重山の年中行事」『八重山民俗誌 上巻・民俗篇』沖縄タイムス社、一九七七年、二五九頁
(4)「竹富島の種子取について」『八重山民俗誌 上巻・民俗篇』五一四—五一五頁

（5）「黒島郷土民俗誌」『八重山民俗誌 上巻・民俗篇』四一―四二頁

（6）竹富島の新里遺跡における案内板から引用

（7）エドゥアール・グリッサン、恒川邦夫訳『全―世界論』インスクリプト、二〇〇〇年、二七頁

（8）「赤マター神事に関する覚書」『八重山民俗誌 上巻・民俗篇』二八五頁

（9）「石垣島の陰膳」『八重山民俗誌 上巻・民俗篇』二一六頁

Ⅳ

ヤポネシアに谺する女声

花綵列島の独唱曲《アリア》

島尾ミホ

島美人の口伝と唄

太平洋と東シナ海にはさまれた奄美大島は、島全体が深い森と山におおわれている。北部にある笠利町の浜辺から太平洋岸をのぞむと、彼方にうっすらと隆起サンゴ礁の平らな喜界島の島影がみえる。こちらには対照的に、島全体にサトウキビ畑が広がっている。一七世紀の末から薩摩藩によって、島民がサトウキビを強制的に栽培させられた「砂糖地獄」の時代があった島である。日本においても植民地主義的なプランテーションがおこなわれていたのだ。

ある晩夏の時節に、わたしは喜界島の農家にしばらく滞在させてもらい、苗取りの作業を手伝ったことがある。サトウキビは春と夏に二度、畑に植えつけることができる。そのシーズンがやってくると、家族や近所の人が総出で畑に集まって、成育中のサトウキビを刈りとって挿し木植えにするのだ。挿し木植えにするときに、サトウキビの茎をみじかく切って畑に植えなおす作業は機械でできるのだが、鎌を使う苗取りに人手が必要になってくる。

この畑仕事は朝八時半にはじまり、九〇分ごとに村のチャイムが鳴って三〇分の休憩が入る。みんなで畑のすみに座って、甘いものを食べながらおしゃべりを楽しむ時間なのだが、まわりが喜界島方言《シマユミタ》で話しだすと、何をいっているのかほとんど聞きとれない。ときどき単語を拾えるくらいだった。小島なのに集落ごとに微妙に言い回しやイントネーションがちがい、大島方言に近い北部と沖永良部方言に近い南部とでは、昔は同じ島でも言葉が通じなかったといわれるほどである。島の年配の人たちはわたしのほうを向き直って、「そうだ、標準語で話さなきゃね」と自分にいい聞かせるようにして、スウィッチを入れ替えてから話してくれる。若い人たちは方言と標準語の使いわけが慣れているのか、流暢に両者を行ったり来たりできるようなバイリンガルと呼べる人が多かった。

わたしが住みこみでいたのは南部にある手久津久集落に近い農家で、喜界島では珍しく牧場を経営している家族だった。中年の夫婦に、まっ黒に日焼けして、目鼻立ちの整った小学六年生のひとり娘がいた。島が静まりかえる夕暮れどきになると、庭からとってきた青パパイヤのサラダや炒めものを食べながら、旦那さんの晩酌の相手をするのが日課であった。ある夜、居間で娘さんの宿題を手伝っているとき、奥さんが旦那さんに「あの子の結婚相手になるかしらね」と、ひそひそ話をしているのがわたしの耳に入った。わたしはその当時すでに二十代後半という年齢であり、娘さんはまだほんの少女だったから気の早い話だと思った。だが、少子化のうえ、若い働き手がどんどん島外にでていってしまう土地では、後継者の問題は思いのほか深刻なのかもしれなかった。

その夜、布団で虫の音にまじるヤモリの鳴き声を聴きながら、昼休みに訪れたウラトミの墓のことを思い起こした。むかし奄美が沖縄《ナハンユ》の世から薩摩《ヤマトユ》の世に変わったころ、島を治める薩摩の代官は島の美人たちを集めて奉公させた。娘を差しだすと、その家では年貢や賦役で手心を加えてもらえるのだった。奄美大島の南にある加計呂麻島の生間《イケンマ》集落で生まれ育ったウラトミという娘は、大層な美人で、薩摩役人に見初められたが、それを拒否したので島にいられなくなった。それで、ほかの村人たちに迷惑をかけてはいけないと考えた父母は、やむなく彼女を水、食料、身のまわりの品、三味線とともにくり舟にのせて、「どうか生きながらえてほしい」と祈りながら海に流した。

大島と喜界島のあいだの海峡を流れる黒潮に散々もまれて漂流した末、ウラトミをのせたくり舟は喜界島の小津野にある、とばや浜に流れついた。それを発見した男やもめの百姓（島役人という伝もある）と彼女は結婚することになった。ふたりはアダンの山を切りひらいて小屋を建て、とても貧しかったが仲むつまじく暮らした。そのふたりのあいだに生まれたのが、娘のムチャ加那だった。彼女は成長すると、母をも上まわる評判の美人になり、村の若い衆は誰もが彼女に夢中になった。ムチャ加那が十六歳のときのことだ。男たちが彼女にばかり求愛することを快く思わなかった女友だちが、ムチャ加那をアオサ（海苔）取りに連れだし、岬の先で大きな岩が突きでている場所から海に突き落とした。行方知れずになったムチャ加那のことを、母のウラトミが必死にさがす場面を、島尾ミホは島言葉でこんなふうに伝えている。

ナーチャム《その翌日も》　チンチャハリ《一日中》　トウミティイム《探しても》、　マタ《又》　ティイキヌヒ《次の日》　ム《も》　イキショキリトウティ《息せき切って》
トウミティ《探して》　アッチム《歩いても》、　ムチャヤカナ《むちゃかな(の)》　スイガタ《姿》　ヤ《は》　ミリヤランタットウ《見つからなかったので》、　ウラトミ《うらとみ》　ヤ《は》
ニャー《もう》　フレムン《気違い》　ネシ《みたいに》　ナトウティ《なって》、　ウラウラ《浦々》　サクザク《谷々(を)》　モーレティ《さまよい》　トウリキダムヌン《鳥けだもの(に)》

ガディ《まで》 タティネティ《たずねて》 アッチー《歩き》、 マティギ《松の木》 ヌ《の》 イダ《枝》 ナン《に》 トゥマトゥン《とまっていた》 ウヤバトン《親鳩》
カティ《に》、 ムチャカナ《むちゃかな》 ヤ《を》 ミリャンティナー《見かけませんでしたか》 チ《と》 タティネタム《たずねた》 チ。[1]

母親のウラトミはムチャ加那を探して、親鳩、赤牛、黒牛、青鳩などの動物や鳥たちにまで訊ねていく。そして最後には、ムチャ加那が海の潮に飲まれてしまったことを知る。その三日後に遺体を見つけて、彼女を浜辺に埋めた。そのときにウラトミはガジュマルの枝を逆さにして、卒塔婆がわりにしたという。ガジュマルの木はとても生命力がつよく、サトウキビと同じように枝を剪定して、地面に挿し木にするだけで増やすことができる。そのとき卒塔婆にした枝が伸びて、後年、その場所に大きなガジュマルの木が生えたと伝承されているのだ。

この口承文学のなかでわたしが特に注目したいのが、母のウラトミが「フレムン《気違い》 ネシ《みたいに》 ナトゥティ《なって》」、鳥や動物と会話しながら、娘の身に何が起きたのかを突き止めていくところである。奄美の女性における母性の強さがうかがえるというだけでなく、ウラトミが狂気と紙一重のところで、ほかの生物と対話ができるような人知を超えた存在になっていく一種の民話的なパターンをみることができるからだ。たまたま美貌をもって生まれてしまったがために、悲劇的な運命を背負うことになった母娘の物語は、「ムチャ加那節」あるいは「ウラトミ節」という島唄になって後世に伝わり、いまも奄美における重要な島唄のレパートリーとして歌われている。島尾敏雄の『島の果て』や島尾ミホの「その夜」に書かれた、島尾夫妻が加計呂麻島で出会ったころのふたりの愛の物語を読むたびに、わたしはなぜかこのウラトミの口碑と、哀しみをたたえた美しい島唄のことを思いだしてしまうのだ。

ソクーロフと島尾ミホ

ロシアのアレクサンドル・ソクーロフ監督が、一九九九年の晩夏に奄美大島と加計呂麻島に滞在して撮影した映画『ドルチェ――優しく』は、ドキュメンタリーでもフィクションでもない「映像小説」という新しい形式を標榜している。字義どおり映画の冒頭七分ほどで、島尾敏雄と島尾ミホの古い写真を本のページをめくるような画面効果を使ってみせながら、監督自身のナレーションをかぶせてふたりの愛の物語を語っていく。

太平洋戦争の終結に近い一九四四年の暮れのこと。奄美の加計呂麻島の呑之浦《ヌンミュラ》の入江には、太平洋を北上して日本にむかってくるアメリカ軍をむかえ撃つために、「震洋艇」と呼ばれる小さな舟で敵に自爆攻撃を仕かけるべく、海軍の特攻基地がつくられて駐屯していた。その隊員一八〇名を率いるのは二十七歳の島尾敏雄隊長であり、九州大学で東洋史を専攻したインテリの青年だった。島尾隊長は部下に丁寧な言葉で話しかけたり、道ばたで出くわした島の老婆の荷物をもってあげたり、子どもたちと一緒に唱歌をうたって歩いたり、およそ軍人らしからぬ人柄の持ち主だった。

そのような姿を見て、最初は特攻隊の軍人たちを恐れていた島の人たちも、次第に心を開くようになり、島尾隊長に対して信仰に近いような信頼を寄せていった。大平ミホの父の書斎にある中国関係の書物を借りるため、島尾隊長はたびたび大平家を訪れるようになり、いつしか若い隊長とミホは心を寄せ合うようになった。ふたりは和歌や詩を添えた文を取りかわし、海辺で逢引を重ねる仲になっていった。ところが一九四五年の八月十三日、ついに島尾隊長たちに出撃命令がでてしまう。ミホは愛しい島尾隊長の出撃後に、みずからも自殺することを決意して海辺へと走る。だが、その前に日本の敗戦と無条件降伏というかたちで戦争は終結することになった。ふたりは翌年に結婚し、息子の伸三と娘のマヤのふたりの子どもに恵まれた。

これは、日本の近現代文学において、あまりに有名になったエピソードである。ソクーロフ監督は「歴史の事実や現実にかかわりがなく、だが主人公達の感情と可塑性の世界の特徴には関わる、ある種の芸術的な伝説を、私は創らなければならない」と撮影日記に書いている。〔2〕いまから二百年以上前の時代のできごとであった、ウラトミとムチャ加那の人生が伝説になったように、ソクーロフは半世紀前の島尾敏雄とミホの物語を単なる歴史的事象としてではなく、そこに流れている人びとの感情をくみ取って、芸術的に仮構した「伝説」として再創造したいと表明する。ソクーロフが関心を抱くのは、日本を戦争へと駆り立てていった政治家や軍人が登場する公の歴史ではなく、口承文学や島唄などのかたちで残されてきた、当時の民衆の感情や心根を伝えるできごとのほうである。それを共同的なフォークロアの力によってではなく、みずからの芸術の力によって伝えたいといっているのだ。

ソクーロフのこのような創作姿勢は、太平洋戦争において無謀な戦争に突入していった日本列島を「悲しい群島」と呼び、島尾敏雄が使ったヤポネシアという言葉を「花綵《かさい》列島」と言いかえるような繊細な感性からきている。たしかにロシアから眺めれば、アリューシャン列島も千島列島も日本列島も南西諸島も、ひとしく大陸の縁辺部において弧状をなし、細いひもに花を結んで吊りさげた花綵《はなづな》のような配列になっている。ソクーロフは島尾敏雄とミホの物語を、それら島弧のなかの小島に伝わるひとつの伝承とみなして、その島々と人びとをやさしく愛するという意味で、自分の映画に『ドルチェ――優しく』というタイトルをつけた。映画の冒頭部分に挿入された、大洋に浮かぶ島と水平線の上にある満月を空から見おろすような俯瞰で撮った特殊撮影のショットには、この花綵列島でおきた悲劇を、慈愛と共感をこめて見守ろうとするような温かい視線が感じられる。

六〇分ほどの長さがある『ドルチェ――優しく』の残りの部分は、島尾敏雄の亡きあとに、島尾ミホと娘のマヤが暮らす奄美大島の自宅で撮られている。ソクーロフは撮影前に、英語で島尾夫婦の作品と資料を読みこんでいった。そして、夫の小説を清書しつづけることで自分の文学を獲得していったミホに直接会って、彼女にアーティストとしての資質を感じたという。そこでこの映画は、島尾ミホが「島尾ミホ」を演じるというフィクション的な要素の入った、独特のドキュメンタリー作品になっていった。カメラの前でミホが自分自身の記憶を反芻し、ひとり語りをする姿を撮影したのだ。それは単純に事実を記録したドキュメンタリーではなく、だからといって再現ドラマの範疇に入るものでもないだろう。ちょうど両者の中間のような方法であって、たとえば、北極圏カナダで暮らすイヌイット族が、自分たちの生活をカメラの前で演じてみせたロバート・フラハティの『極北のナヌーク』の方法に近いといえるか。

ソクーロフ自身も指摘しているように、『ドルチェ――優しく』の島尾ミホはカメラの前で語ることで、ひとつの手記または随筆のような文学作品を書いているといえる。だから、これはソクーロフの監督作品というだけでなく、島尾ミホがその声と身体をつかって書いた「映像小説」でもあるのだ。戦時中に彼女の母の大平吉鶴は、立て岩や立神《タチガン》と呼ばれる岬の先端に突きでる岩のあたりで、マツヅル小母さんと潮干狩りをしていたときに心臓麻痺をおこして亡くなった。母の「幽霊でもいいから会いたい」と願って「お墓に通い、そこに座って夜明けまで母の名を呼び続けた」ときの悲しみをミホが想起しながら、死者の霊魂にむかって直接話しかける姿を映像にしている。ムチャ加那の伝説が、現代の日本においても実際にくり返されているような錯覚をおぼえてしまう場面である。

先に逝ってしまった母への想いを「ゆきゅんな加那節」の詞に重ねて、島尾ミホがひとり島唄を口ずさむシーンは、彼女の気が微妙に狂《ふ》れてくるような気配を奥底にたたえた、この映画における佳境となっている。これを監督のソクーロフと撮影の大津幸四郎はどのような映像と音声のイメージでつむいでいったのか。黒い喪服に身をつつんだミホは壁に額を押しあてて、ひとり語

島尾ミホ（『ドルチェ――優しく』より）

りをはじめる。それをカメラは左側面からのバストショットでとらえて、ゆっくりと近づいたり離れたりズームをくり返しながら、息の長いロングテイクで撮っている。

　それに続く場面では、母の死後に残された生前の父の思い出と、戦後になって「婚約者の待つ神戸へ行かなければ自決します」といって、島尾ミホの背中を押した父のエピソードが語りおろされる。このパートの映像表現が凝っている。ミホの自宅は奄美大島の内陸にあって海はのぞめないのだが、ソクーロフが合成したのか、彼女が窓枠にはめられている障子をスライドしてあけると、そこからは見えないはずの海景が広がる。そして、窓から海景のくもり空を見ているミホの主観ショットと、海の宙空という架空の視点からながめたミホの姿を、切り返しのショットで交互に重ねていく。

　窓枠におさめられた海景は、はたしてミホの内面に映える記憶のイメージであるのか、それとも彼女が見ている幻想をあらわすのか。つづいて窓枠内に、波が洗うリーフで水浴をする老女の姿があらわれるが、それは潮干狩りをしていて亡くなったミホの母の姿のようにも見える。そうであれば、そのあとで窓外にのぞく立て岩は、母が亡くなった加計呂麻島の立て岩を示しているのか。それは同時に、島尾隊長が出撃したあとにミホが短剣でのどを突いて身投げしようとした場所でもある。そこにはソクーロフが奄美を歩いて目にした光景も、多重露光のようにして重ねられている。

> 海岸沿いに歩いていると、岸から遠くない波を浴びる年配の夫人の、白木綿のシャツと鮮やかな色のタイツに身を包んだ姿が目に入る。（……）
> 濱田さんが私に説明してくれる――この〝水浴〟は葬式に参列した後に、必ずなされる儀式であると。海洋の波は、故人との交流のさいに人にこびりつくあらゆる不浄なものを洗い流してくれる。
> 完全に多神教《アニミズム》の儀式である。〔3〕

窓外に見える立て岩（『ドルチェ――優しく』より）

ソクーロフが『ドルチェ――優しく』で目ざしたのは、島尾敏雄とミホが『日の果て』や『海辺の生と死』に描いた花綵列島の小島における神話的な出逢いのその後を、夫の浮気が原因で狂気におちいるミホの姿を描いた『われ深きふちより』や『死の棘』における夫婦のその後を、映像作品にすることであった。だからこそ映画の後半には、娘のマヤの姿も登場しなくてはならなかった。ソクーロフはナレーションでみじかく触れている。精神病院に入院した妻

島尾敏雄と娘のマヤ（『ドルチェ――優しく』より）

の面倒をみるため、ふたりの子どもを母方の地元に預けた島尾敏雄は「親戚からの便りで彼は……／すべてを知り見てきた子供たちの、苦しみを知る……／娘のマヤは永遠に語ることを止め、沈黙し、彼女の身体は成長を止める」ことになったのだ。[4]島尾夫妻の身に起きた騒動によって、娘のマヤは十歳のときに失語症になって話すことができなくなり、体の成長も停止してしまったのである。

『ドルチェ――優しく』の後半部分、島尾敏雄の顔写真を立てて、聖母マリアが描かれた掛け軸をかけている和室の祭壇の前で、島尾ミホが「神様！　私はどんな悪いことをしたのでしょう？　思い、言葉と行いにあやまちがあるのでしょうか？　どうして、あなたはマヤに、あのような試練をお与えになったのですか？」と嘆くシーンは、『死の棘』やほかの小説に書かれた夫婦のできごとに照応している。生前の敏雄もミホもカトリック信徒で、敏雄は小説のタイトルにキリスト教的な要素をこめることがあった。

この映画における島尾ミホは、カメラの前で感情を隠すことなく、過去の自分と対話して「魂の人生史」を生きてみせる。それは演技やパフォーマンスを含むものだが、ミホにとっては自己の人生を想起し、死者の魂と対話をする巫《ふ》の行為でもある。どこまでが彼女のふだんの姿であり、どこからが演技を含む状態であるのか、と問うことには意味がないだろう。両者がわかちがたく結びつき、ひとつに溶けあっているのが、まさに巫の行為であるからだ。「私は、霊媒のごとく、時間の陰から出て来るミホと私に共通する魂を、脅し動揺させないために用心深くしなければならない」とソクーロフは書き記した。[5] 映画作家とそのカメラもまた、演技なのか巫女による秘跡なのか、その境にあるミホの声と所作を見つめるために、霊媒のように繊細な感度のセンサーをもたなくてはならなかったのだ。

声のアーティスト

わたしの耳の底で、貝殻のなかの海鳴りのように渦巻いていた奄美方言の音色が、ふいにテレビの画面から聴こえてきて驚いたことがある。西洋音楽の理論家で作曲家である柴田南雄のシアターピースをＤＶＤで鑑賞していたときのことだ。

柴田南雄はある時期から日本の民謡や民俗的な楽器に傾倒し、それらを取り入れて作曲をするようになった。一九八二年九月に新宿文化センターで公演した「布瑠部由良由良 no.61b」は、男女の混声合唱による石上神宮《いそのかみ》の祓詞《はらえのことば》や東大寺の声明、石笛や銅鐸や石片などの古代楽器による演奏などからなる。なんとも先鋭的なそのコンサートの様子を記録映像で見ていると、ふいに下手のスポットライトから詩人の吉増剛造が現れて、詩集『わが悪魔祓い』に収録された「地獄のスケッチブック」という詩の朗読をはじめた。それに呼応するようにして、上手のライトのなかに島尾ミホの姿が出現し、持ち前のかん高い声で『東北と奄美の昔ばなし』から「鬼と四人の子ら」の民話を加計呂麻島の方言で詠みだした。

これは島尾ミホが、母の吉鶴から口伝によって採集した昔話である。山畑で母親を食べた鬼が、その顔の皮をはいで自分の顔に貼りつけ、衣を着て、四人の子どもを食べようと里におりてくる。子どもたちは戸口で母の帰りを待っていたが、小さい子が泣きだす。ミホは「シャットゥ《すると》　ヤクムェ《兄》ガ《が》、「ナグナヨ《泣くなよ》　ボッグワ《ぼうや》、アンマ《おかあさん》ヤ《は》　ニャー《もう》　ムドテ《帰って》　ウモユッド《いらっしゃる》　ヘ《よ》　カナ《ぼうや(カナは愛称)》」チ《と》　イチー《いって》クワーヤムェ《子守》　ウタッグワンキャ《歌など》　シイ《して》　キキャチャム《きかせた》　チ《とさ》」と朗読する。〔6〕ここまで詠んだところで、母親が子どもを寝かしつけるときのように、ミホは物語から脱線してしまい、唐突に子守歌を島言葉で唄いだす。そのかん高い声がホールに響きわたっているところへ、混声合唱の声かぶさってきて、楽曲はさらに法悦さを増していくという演出になっている。

柴田南雄はこの作品の意図を次のように書いている。

日本のさまざまな地点で、多種多様な〃ニホンゴ〃が行なわれていることは、われわれの想像以上である。いわゆる標準語《東京方言》、各地の方言、文学者の個性的文章、翻訳詩、神社やお寺の祭祀の詞章……。（……）われわれの言葉を形造ってきた言語層のさまざまなレヴェルが、地理的、文化的に拡散して、現代にも生きつづけているのであるが、それは同時に、日常の言語という表層に覆われているわれわれの言語の深層でもある。この作品は、それらの幾つかの出会いの場所である。[7]

つまり、日本列島に伝わるさまざまな言語表現を一堂に集めた、ある種のオペラを構想したというのだ。そして、それら多種多様なニホンゴが、たがいの差異や異種性をぶつけあい、響きわたらせる場が柴田南雄の「布瑠部由良由良」という作品だった。そうだとすれば、このステージにおける島尾ミホの独唱は、さしずめ花綵列島のアリアだと呼べるだろう。ここに登場する島尾ミホは、島言葉で加計呂麻島の民話を収集して語りおろす文化伝承者のひとりというよりは、みずからの喉を震わせることで聴衆を魅了するアーティストのようである。

島尾ミホが『ドルチェ――優しく』において、ひとり語りの中途でふいに「ゆきゅんな加那節」を歌いはじめたように、ここにおいても、「鬼と四人の子ら」を朗読している途中で彼女は子守歌へと逸れていく。気持ちが高ぶると、それは語り言葉から歌に変わるしかない。彼女にとって歌はすなわち感情なのだから。ミホが亡くなって一〇年が経ったいま振り返ると、ソクーロフが声の芸術家としての彼女の姿を、よくぞ映像に記録しておいてくれたものだと思う。「布瑠部由良由良」ではじめてミホと吉増剛造が出会い、二〇年後に吉増が引きあわせるようにしてソクーロフと彼女が出会ったという。そのようにして完成した『ドルチェ――優しく』を観るたびに、わたしは花綵列島の隅で起きた秘跡に目をみはり、ひそかに心を震わせざるを得ないのである。

（1）島尾ミホ「うらとみ」島尾敏雄・島尾ミホ・田畑英勝著『奄美の伝説』角川書店、一九七七年、二七八—二七九頁

（2）A・ソクーロフ「撮影日記」A・ソクーロフ・島尾ミホ・吉増剛造著、児島宏子訳『ドルチェ—優しく』岩波書店、二〇〇一年、七四頁

（3）「撮影日記」『ドルチェ—優しく』七八—七九頁

（4）『ドルチェ—優しく』採録台本」『ドルチェ—優しく』一七八頁

（5）「撮影日記」『ドルチェ—優しく』九八頁

（6）島尾ミホ朗読「鬼と四人の子ら」島尾敏雄『島尾敏雄全集第一二巻』晶文社、七九頁

（7）柴田南雄『柴田南雄とその時代　第三期』DVDリーフレット、二〇一四年、一八頁

大神島の媼亡ければ

大神島は周囲二キロに満たない宮古群島の離島である。
二十年前、そこに一人の老嫗がいた。

月明の夜は環礁の著《しる》く見ゆ大神島の嫗亡ければ〔1〕

大神島の印象

二〇一五年の春に、宮古群島北部の海上に突きだしている大神島をたずねたときのことだ。そのときの旅の目的は、最北端にある池間島で暮らしている詩人で民俗学者の伊良波盛男さんに会って、いろいろと薫陶を受けることにあった。

御嶽から御嶽へ、宮古島の聖地をたずね歩きながら北上していたら、狩俣集落にたどり着くころには夕方になってしまった。わたしは以前、ニコライ・ネフスキーがその持ち前のすばらしい耳でもって、狩俣集落の古謡であるアーグを収集したことについて、長い文章を書いたことがあった。逢魔がときに、狩俣集落のはずれにあるイスゥツウタキ（磯津御嶽）ですごしてから、海のそばに立つ鳥居をくぐろうとしたら、目のまえにきれいな円錐形をえがいている神秘的な黒い島影が見えた。それが大神島だった。

わたしは思わず、その神だかい島に惹きつけられるようにして、遠浅になっているリーフ（珊瑚礁）の上をじゃぶじゃぶと歩いていった。一歩でも多く、その島に近づきたくなった。まるで何かに取り憑かれた者のようであった。ふと我にかえったところ、かなりの沖あいまできていて、腰まで海水につかっていた。そのまま歩きつづけていたら、身に危険がおよんでいたかもしれない。思いだすだけでもゾッとするできごとだ。雲の合間からもれる夕陽の光で、島はかすかに赤く染まっていた。

「大神島へ行ってみなさい」

狩俣集落のイスゥツウタキ（磯津御嶽）から眺めた大神島（筆者撮影）

その刹那、そんなふうにいう声が頭のなかできこえた気がした。

いまでは大神島へ行くことは、物理的にさほど困難なことではない。宮古本島側の島尻漁港から定期船が一日数往復でていて、風がつよくて波のあらい海峡をわたれば、一五分ほどで対岸の大神島につく。民俗学者の谷川健一がはじめてこの島にわたったのは、沖縄の本土復帰前の一九七〇年秋であり、その当時とはだいぶ状況がちがっているのだ。「サバニと呼ばれる小舟で四十分くらいかかってつくが、定期船はなく、おまけにこの海岸はふしぎと波があらい。そこで私は大神島にわたるのに二度失敗し、三度目にようやく島の土をふむことができた」と、谷川はそのときに苦労したエピソードを

高台から見下ろした大神島の港と集落（筆者撮影）

書いている。[2]

谷川健一が大神島にひかれたのは、そこにウヤガン（祖神、おやがみ）祭と呼ばれる、宮古のいにしえの信仰のあり方をしのばせる祭祀が残っているからだった。海の彼方から来訪する大神島の神さまはンマヌカン（母神）と呼ばれていて、その息子が本島の狩俣集落のビキツカン（男の子の神）、娘が島尻集落のミガヌファカン（女の子の神）とされている。であるから、大神島の母神のウヤガンがおわると、神役の女性が本島北部の島尻集落や狩俣集落にいってしらせるという関係性にあった。それゆえに、大神島の出身者やそこで暮らしている人たちが「大神島こそが宮古の根の島であり、祖国（おやぐに）であるという自信をもっているのは、海彼の渡来がまず大神島に起り、それが宮古本島の北側へ波及したことを物語るのではなかろうか」と谷川は考えた。[4]

大神島の入口になっている小さな湾には突堤があって、そこから急な坂道が山の中腹あたりまで続いている。わたしが行ったときには、その船着き場には、島で唯一の食堂兼みやげもの店があって、島の人たちの憩いの場所になっていた。ちょうど春の甲子園がはじまった時期だったので、誰もが沖縄県の代表チームを応援するべく、テレビに釘づけになっていた。高校野球の大会が開催されているシーズンには、宮古群島にかぎらず、沖縄のあらゆる場所で見られる光景だ。気さくな店主がいて、この島にひとりで何をしにきたのか訊かれた。話しているうちに、わたしは島の祭祀（地元の人は「行事」と呼ぶことが多い）についてあれこれ質問をしていた。島尻集落から船で大神島に渡ってきた標準語を話すどう見てもよそ者のわたしが、島の人しか知らないようなことばかりを話すので、店主はすっかり面食らった様子だった。怪しまれる前に、そそくさと食堂から立ち去った。

坂を少しのぼると、大神小中学校があった。もう何年も使われていないらしく廃墟のようだった。島から子どもたちの声が絶えてしまうのは、ひどくさびしい。一九七〇年当時は、この坂道ぞいに二十数軒の民家があって、約一七〇名の島民が暮らしていたという。谷川健一が一泊させてもらったのは、白髪頭で品のよい島尻メガさんというおばあさんがいる家だった。谷川はその家のなかで、とても眺めのいい部屋に泊めてもらった。古ぼけた柱時計が時刻をつげるとき、眼下に広がる海が共鳴板のようになって、島じゅうにその音が響きわたった。このような描写をするときの谷川は、民俗学者の目や耳をもっていない。宮古本島とはちがう大神島の時間の流れを表現するときに、詩人としての、歌詠みとしての谷川の直覚が前にでてきていることが、わたしには興味ぶかく映る。

島のウヤガン祭

大神島はその名のとおり神の島である。外来の者が祭りなどの神事についてたずねることや、聖地である御嶽にはいることをタブーとして禁じてきた。もしその禁をやぶるのならば、それをおこなったよそ者にもそれを許した島民にも、神罰がくだると信じられてきた。戦前に『南方文化の研究』という本を書いた社会学者の河村只雄は、大神島の御嶽でひそかに写真をとってカメラのキャップを地面に落とした。そのせいで罰をうけて、間もなく亡くなったとまことしやかに噂された。あるいは、ある女性の民俗学者が島の禁制を無視して御嶽にはいったので、その学者をのせたサバニの船頭は数日後に頓死し、その直後に暴風雨がおそって島がひどい損害をうけたという話もある。

宮古本島や池間島や伊良部島にも、立ち入り禁止の御嶽や聖地といったものは数多くあるが、大神島のように島全体に聖地があり、いまも神や秘祭について島民がかたく口を閉ざしている島もめずらしい。だからこそ、厚い信仰心や神への畏怖心が守られているのだともいえる。このように民俗的な調査がむずかしいこともあって、それでもなお民俗学者たちはこの島にひきつけられる。だがしかし、島民は警戒してよそ者の行動をきびしく監視する。谷川健一もまた島民から歓迎されなかったエピソードを書いている。宿を提供してくれた島尻メガが、何かと谷川のことをほかの島民たちからかばってくれた。彼女をつうじて、谷川はこの島のツカサ（神司）たちに、祭祀について話をききたいと申し入れた。ところが、となりの部屋で相談の話がもたれたあと、「祭りを見るだけですべては判るだろうから話す必要はない」とあえなく断られたという。

島尻先生の母親のメガさんと話をする。彼女は大神島でもっとも重要な祖神（おやがみ）祭に奉仕する十一人の祖神の一人なのだ。話がすこしでも神事に近づいていこうとすると、今まで終始笑顔で対していたその顔がたちまち不安気になる。私に精一杯の好意をみせようとするだけに、その老女のかなしげな顔は、私の心を打つ。（……）しかし神の禁制を犯すことへの恐怖はまぎれもない。銀髪のうつくしい老女のゆるくはだけた胸がせわしく息づいてくる。まるで鰓呼吸をはじめるように、苦しそうな表情をともなう。老母の話によると、御嶽にはどうしてもゆけないときがあるという。御嶽で神さまたちが相談している最中にはいっていくときは、神さまからぶたれて、ひどい痛みを感じることがある。御嶽に勝手にはいっていくと魂をとられるとみんなはこわがっている。[4]

大神島では、神さまは単に崇敬の対象であるというよりは、何よりもおそれの対象であることが、この島尻メガとの挿話からよく伝わってくる。現代になってもむずかしいのは、島のあらゆるものが神とつながりをもつというこの島で、代々つたわる風習や信仰をかたくなに守り、神の話をタブーとする方々から話をうかがうことである。

いま思い返すと、池間島の伊良波盛男さんの紹介がなければ、大神島と何の縁もないわたしごときが、山の中腹で暮らす九十一歳の狩俣英吉さんの家にあげてもらうことすらできなかったことだろう。狩俣さん夫婦とお茶をのみながらの世間話ははずむのだが、話題をそらせて神事や年中行事のことを少しでも訊こうとすると、ふたりともパタッと口をつぐんでしまう。狩俣さんの夫婦が、神事に通じているということは確かなのであるが。あるいは、わたしが島を散策しながら坂道をのぼってくるあいだに、船着き場にあった食堂から電話の一本でも入ったというのか。

大神島の人たちが神さまについてのことをよそ者に一切話そうとしないという姿勢は、谷川健一がこの島にかよっていた四十数年前の時期と、さほど変わらないことなのかもしれない。それでもわざわざ東京から訪ねてきたわたしを不憫に思ったのか、狩俣英吉さんはふたつある西の御嶽と東の御嶽に案内してくれた。家のすぐそばに、ウヤガン（祖神）祭のときに人びとが集まるウフムト（ツカサたちが神に祈願するところ、集会所）があって、その裏手にぼうぼうと草が伸び放題になっている小径があった。その小径には両脇から木々が覆いかぶさり、天然につくられた通路のようになっている。これが「神の道」なのだとわかった。そこが昼間でも薄暗いのが印象に残った。

「この先に西の御嶽があるが、男は入れない」

狩俣英吉さんは、何の説明をすることもなく、それだけつぶやいた。しかし、わたしにはその

西の御嶽から集落へ続く「神の道」(筆者撮影)

言葉だけで充分であった。なぜならそれによって、この先にザーヌヤー(神女の家)とよばれるコンクリートづくりの西の拝所があり、そこが祖神祭のときに祖神になる女たちが籠る場所なのだと知ることができたからだ。

　谷川健一が大神島のフィールドワークにおいて青年教師からきいた話によれば、この島の最大の行事であるウヤガン祭りは、旧暦の六月から十月までおこなわれる。そのうち四日か五日ずつ、祖神《ウヤガン》となった女たちが断食し、山ごもりをして神に祈願する場所が、西の御嶽のザーヌヤーなのである。おそらく、神歌をうたっているうちにツカサ(神女)たちに神がおりてきて、祖神になるのだと思われるが、詳しいことはわからない。そのときには、夜中に祖神たちのうたう声が風にのって集落のほうまで流れてくるという。

　神さまが島におわすあいだ、毎月吉日に二日間にわたってウヤガン祭りがおこなわれる。祖神となった女たちが各家をまわって、厄払いや繁昌願いをする。夕方になると、ウフムトにおいて、祖神たちがニーリ(神歌のひとつ)をうたいながら踊る。男たちはお神酒をのみながら、祖神たちの踊りを見る。ニーリの内容は、大神島の起源や人類のはじまり、穀物の由来などをうたっているとのことなのだが、これもまた写真や録音をずっと禁じられてきたため、その内容はよくわかっていない。

こうして、海の彼方からやってきた祖神は、数ヵ月のあいだ大神島の集落にとどまることになる。そして、最後には海にもどっていく。神が旅立ち、人だけが陸に残される間際に、ウヤガン祭りのクライマックスがやってくる。神に憑かれた女たちが、つまりは祖神になっている女たちが、人間にもどるときに、老いも若きもボロボロになりながら全力でかける道が、西の御嶽から集落につづく「神の道」なのである。

谷川健一が青年教師から聞きだした話では、次のようなことが起きるとされている。

祖神祭のさいごの夜、神となった女たちが人間にかえるときは壮絶である。男たちは酒をのみ、祖神たちは神歌（ニーリ）をうたって夜の三時頃まですごす。祖神たちは広場からザーノヤとよばれる西の拝所へかえっていく。男たちは灯を消して闇の中に緊張し、祖神の近親者の女たちは、祖神がザーノヤから出てくる道で待ちかまえる。そのうち無気味な喚声とともに、祖神たちが怪鳥のように山道を走ってくる。彼女らは一週間も断食している。日頃は腰が曲ってうごけない老婆がそのときは疾走する。石垣や溝をとびこえ、崖をとびおり風のように駆けぬける。女たちがつかまえなければ、祖神たちは怪我したりときには死んだりするおそれもあるから、近親者は必死である。そこで魚をとる網を山道の周囲にはりめぐらせて逃がさぬようにしておく。神人合一の状態から神人分離にかえるには、狂乱に近い妄我の状態が必要なのか。夜明け、つかまえられた祖神たちは、しらじらとした空をあおいで、来年まで神と別れを惜しみ、泣きくずれるそうである。[5]

西の御嶽が神を拝み、神と合一するための拝所であるなら、東の御嶽は神がおわす場所である。わたしが狩俣英吉さんのあとについて畑のあぜ道を抜けて歩いていくと、ふいに薄暗い森の小径にはいった。ここもまた「神の道」と呼ばれる自然にできたトンネルになっていて、その先にある御嶽の上の空だけがひらけて明るくなっている。それだけでもハッと息を飲むような感動的な光景であった。その御嶽の空間には、白いサンゴ礁の砂が敷きつめられており、その先にこの世のものとは思えないほど美しい神樹があった。

御嶽の外側から遠目になかを見ると、地面にむきだしになった樹の根がうねうねと聖域内に複雑なかたちをして根をはっている。何か大きな生き物が足をのばしているみたいだ。御嶽につづく道をはばむようにして、緑色に苔むした石が小径の両側から突きでていた。石の上に白い塩が盛ってある。ここが聖域との境界になっているのだろう。わたしが観察をしていると、狩俣英吉さんは音もなくその場に帽子をとってひざまずき、おそろしくてならないといった様子で手をあわせて目をつぶった。わたしも思わず地面にひざまずいた。

大神島の東の御嶽

神の存在が島人にはっきりと見えて聴こえていることを、どんな言葉よりも英吉さんの行為が雄弁に物語っていて、背中にぞくぞくとした身ぶるいが走った。

御嶽と太陽神

根間玄幸という人が書いた「大神島」という文章によれば、ウヤガン祭りの前夜に、夫婦の神が大神島の桟橋ちかくにある岩と、学校の東角にある岩におりるという。[6] それがどうやって東の御嶽にむかうのか、残念ながら謎に包まれているが、この東の御嶽には男根と女陰を象徴するご神体があるといわれている。御嶽の外側からわたしが目視したかぎりでは、東の御嶽にあった神木は、クバの老木とすさまじい形態をしたガジュマルの木だと思うが、確証はない。少なくとも、この御嶽の神木が神さまのための目印になっていることは確かである。

谷川健一は、大神島に西と東のふたつの御嶽があるという事実に注目した。太陽が東の水平線からのぼって西の水平線へと沈むのを見て、古代の宮古群島の人たちはどこかに太陽の住処である「太陽の穴」があるにちがいないと考えたのではないか、と推論する。その考えの上にたてば、島の東端か、あるいは西端にそれは洞窟として存在していて、そのような「太陽（てだ）が洞窟（がま）」があるのではないか、と。そうなると、それをまつるツカサ（神女）は、太陽神であると同時に太陽神の妻であることになる。

実際に、大神島の東の御嶽の外側は、海に面した洞窟になっており、それは「天の岩戸」と呼ばれている。そこに入ることができるのは、ツカサのなかでもヤマトサスと呼ばれる神女だけなのだ。谷川健一は「ヤマトは東のほうを意味し、天の岩戸は太陽神を彷彿とさせる。そこでどのような秘儀がおこなわれるのか知り得るべくもないが、かりにヤマトサスと太陽（テダ）の神との交媾がおこなわれたとして、あやしむに足りない」と考察している。[7] 古事記のアマテラス神を思わせる話である。

これらのことから、大神島にある東西ふたつの御嶽と「太陽が洞窟」を、古事記にも流れこんでいった太陽信仰の原形とみなすのか、それとも、本州から宮古へとうつってきた琉球人の祖先が伝えたものとすればいいのか。あるいは、世界中に見られる普遍的な太陽神話のアーキタイプと考えるのか、人によって意見はわかれることだろう。かつて大神島、池間島、狩俣集落、島尻集落を統べた「四島《よしま》の主《しゅ》」という支配者がいた。島という言葉が、奄美や沖縄地方では集落《シマ》を意味することは周知のとおりだ。その四島には、そろって倭寇や海賊の襲来伝説があったり、南方から漂着した仮面の伝説があったりして、数多くの来訪神の言い伝えが残っている。

たとえば、となりの池間島にあるトゥヌガナス御嶽の言い伝えでは、もとは大和船から流れ着いた偉い人の漂着遺体を見つけて、それが悪いことをもたらさないように祀ったものだという。そうやって海のむこうからやってくる漂流物を崇めるときもあれば、それがもたらす災厄を畏怖することもあったのだ。宮古群島においても辺境にあたるこの四島は、ヤマト、琉球、南洋、大陸が交錯する航海者たちのネットワークにおける中継地点にあって、さまざまな出自をもつ人びとや神話や信仰が混淆する場だったのではないか、とわたしは想像をふくらませる。

谷川健一がはじめて大神島を訪問したときのことである。彼が宮古本島にもどるとき、半年ぶりに平良市にでかけるという、島でお世話になった島尻メガと一緒にサバニにのることになった。あいにくの荒れ模様のなかで、海の果てに黒い雨雲がでてくるのを見ていると、それを背景にするようにして海の虹が垂直にでてきた。宮古では虹のことを「天の蛇」という。サバニの小舟が大波に心ぼそく揺れるなかで、正面に座っていたメガが澄んだ、かん高い声でうたいだした。それは「根間の主」の綾語《アーグ》であり、「舟は小さく波風はあらくても心配するな」という意味の歌だと谷川に説明した。〔7〕

谷川健一は老女の心づかいに感動したと書いている。実は、このエピソードには後日談がある。『女の風土記』のなかの「大神島の老女」という文章を読むと、谷川が三年後にふたたび大神島をおとずれたときに島尻メガと再会して、この老女が涙を流したというのだ。民俗学者がよく本を読み、よく歩いて人の話をきいたり、地形を見たりするのは当然のことである。だがしかし、谷川のような詩人の感性で大神島に入り、たとえ短期間であったとはいえ、島民とやさしい心根をもって魂の交流をした人物がどれだけいたのか。島の人たちに断りもなく、勝手に御嶽に入ったり、写真を撮ったりした人に罰が下ったという噂がある。それは調査をする側のマナー違反というだけにとどまらず、そうした心ない人たちの行為に失望した、島民からの応答なのではないか。

伝承文化を教えてもらう側の人間が、謙虚な心をもって、さまざまな繊細な事柄まで理解できる人ばかりであったのなら、島民のほうも神罰の噂を流布して、島によそ者を近づけまいとする必要もなかったにちがいない。

月明の夜は環礁の著く見ゆ大神島の媼亡ければ

この歌は谷川健一が、さらに二〇年後に大神島をおとずれたときに、島尻メガが亡くなっていたことを知って、老女のために詠んだ歌である。たしかに大神島の神事は、何重にも謎のベールに包まれている。しかし「祭の内容が公開されるとき、大神島はまったくの辺境の島としてほろびるであろう」と谷川は予言した。そうであるならば、民俗学者としての自分の本能をおさえて、この島が少しでも長く神高いままであってほしい、神聖で不可侵な神さまや行事がなるべく先までつづいてほしいと願ったのが、詩人の心をもった谷川だった。「大神島のばあい、たといその伝承や秘儀がとだえることがあろうとも、それを記録にとったり公表したりすることなく、南海の果の波浪のたかい小島と運命を共にさせてやりたい気がする」と彼は書いた。[8] 谷川が残したこの言葉は、民俗学の調査よりもずっと大事なものがあるということを、となりに座って囁きかけるようにして、わたしたちに教えてくれている。

（1）谷川健一「干潮の彼方」『谷川健一全歌集』春風社、二〇〇七年、四七頁
（2）谷川健一「大神島の老女」『女の風土記』講談社、一九八五年、一七二頁
（3）谷川健一「太陽の洞窟　琉球の宇宙観」『谷川健一著作集6　沖縄学篇　琉球弧の世界』三一書房、一九八一年、二〇七頁
（4）同前『谷川健一著作集6　沖縄学篇　琉球弧の世界』二〇八頁
（5）同前『谷川健一著作集6　沖縄学篇　琉球弧の世界』二一三頁
（6）根間玄幸「大神島」谷川健一編『日本の神々　神社と聖地13　南西諸島』白水社、二〇〇〇年、五〇八頁
（7）「太陽の洞窟」『谷川健一著作集6　沖縄学篇　琉球弧の世界』二一五―二一六頁
（8）同前『谷川健一著作集6　沖縄学篇　琉球弧の世界』二一四頁
（9）同前『谷川健一著作集6　沖縄学篇　琉球弧の世界』二一四頁

戦時の人類学

イヴェンスとベネディクト

イヴェンスの『汝の敵、日本を知れ』

一九四二年に大日本帝国がハワイの真珠湾を攻撃し、アメリカとのあいだで戦争の火ぶたが切っておとされる以前から、アメリカは陸軍省、海軍省、戦時情報局を中心に、アメリカの国民や兵士を教育するために戦争プロパガンダ映画を製作していた。戦時における映像メディアの利用は、日本でも同様におこなわれていたが、アメリカではハリウッドの高名な映画監督や脚本家までもが、軍人として戦争遂行に携わることになった。たとえば、一九三〇年代に『或る夜の出来事』（一九三四年）というコメディや、『失はれた地平線』（一九三八年）のような冒険映画でヒットを飛ばした監督のフランク・キャプラは、一九四二年十二月の真珠湾攻撃の数週間後に、ジョージ・マーシャル元帥に呼ばれてペンタゴン（アメリカ国防総省の本庁舎）に出むいている。そこでキャプラは、アメリカ兵にむけて「われらはなぜ戦うのか」という、教育映画のシリーズをつくってほしいと依頼されたのである。

ちょうど同じ時期に、アメリカに滞在していたのが、オランダ出身のドキュメンタリー映画作家のヨリス・イヴェンスである。イヴェンスはひと足先に、ハリウッドのルイス・マイルストンと共同監督で『われらがロシア戦線』（一九四一年）というプロパガンダ映画を製作していた。これはナチスドイツと戦うソ連が記録した戦場のフィルムを編集して、同じ連合国側であるソ連の視点に寄りそうことで、アメリカの兵士や国民が参戦しようとする気持ちをうながすことをねらった政治喧伝映画だった。社会主義者のイヴェンスが、そのような作品に手を貸したことは意外だと思われる人もいるかもしれない。だが、イヴェンスにはナチスドイツや大日本帝国のような軍国主義やファシズムに対しては、徹底的に自分の映画で対抗するという信念があった。たとえば、イヴェンスには独裁者フランコ将軍への抵抗をあつかった『スペインの大地』（一九三七年）や、日本の侵略戦争に抗する中国の民衆を撮った『四億』（一九三九年）といった映画作品があり、彼はこの反ナチスの映画にも喜んで参加したのである。

　であるから、太平洋戦争がはじまって、アメリカが対日戦争に備えはじめたときに、シリーズ「われらはなぜ戦うのか」の総監督だったキャプラが、ヨリス・イヴェンスに『汝の敵、日本を知れ（Know Your Enemy: Japan）』の製作を依頼したのは自然な流れであったといえよう。当時のことをヨリス・イヴェンスは次のように回想している。「ヘレン・ファン・ドンゲンも一緒で、それからカール・フォアマンも――彼は当時は軍曹で、今ではプロデューサーで監督もしている。我々は製作ユニットを作り、日本についての膨大な量の映像素材を仕入れた。一二六本の劇映画。それに一九三二年以降のニュース映画も見た」。[1]映画の製作といっても新しく撮影するわけではなく、収集した映像素材を編集して作品をつくるのだから、カメラマンも録音担当も照明スタッフもいらな

『汝の敵、日本を知れ』のポスター

いのだった。後年、イヴェンスが自伝『カメラと私』のなかでこの映画を「モンタージュ作品」と呼んだように、『汝の敵、日本を知れ』は映像素材のほとんどを既存の日本の記録映画、ニュース映画、劇映画に求め、それらのフィルムをイヴェンスたちが再編集したものであった。

　メディア史研究者の竹山昭子は、この映画をプロローグとエピローグ、さらに一五のテーマをあつかうパートにわけて分析している。[2] 竹山がテーマ1に分類した「日本兵」のパートでは、隊列を組んで行軍する歩兵、突撃する兵士、路上に放置される中国人の死体を映像で見せながら、次のようなナレーションが展開される。

『汝の敵、日本を知れ』より、日本地図のシーン

　まず典型的な日本兵をみてみよう。平均身長一五七センチ、体重五二キログラム。どの兵も瓜ふたつで、同じネガからの焼き増しを思わせる。（……）日本人は生まれおちたときから兵士として訓練を受け、日本人は神の子孫であり世界を治める任務があるという狂信的な考えを植えつけられている。それゆえ、日本人以外に対する裏切り、蛮行、強姦、そして拷問はすべて正当化されることとなる。日本兵には死か降伏かの選択はない。彼らの理想は戦場で花と散ることだ。

アメリカが兵士や国内の戦意高揚のために、敵国の日本を描いたプロパガンダ映画であり、六〇分前後の尺のなかで日本の軍国主義を概説しているので、偏見に満ちた映画となっている。それにもかかわらず、この映画には当時の日本に流布していた宗教観、死生観、政治イデオロギーを的確に言いあてている部分もある。たとえば、テーマ4の「神道」のパートでは、映像トラックで伊勢神宮の儀式や祭り、神主のお祓いをうける出征兵士の姿を見せながら、ヴォイスオーバーの音声は「神道によれば日嗣の御子は一人の天皇、八百万の神々、それに七千五百万の国民、そして死んでいった無数の魂、これらすべてが日本の人口である。霊魂はいたるところで日本を見守り、兵士とともに戦場に向かう」といった具合に説明する。なかなか的確なコメントだといわざるを得ない。あるいは、テーマ5の「八紘一宇」では、アニメーションのパート（一説にはディズニーのスタジオがこの映画のために製作したといわれる）で神武天皇が巻き物をもって登場して、「わが国土をひろげ、世界を日本の屋根の下に治めよ。これを八紘一宇という」とナレーションが読みあげられる。

フランク・キャプラとヨリス・イヴェンスが関わった『汝の敵、日本を知れ』という映画は、アメリカの敵国である日本で撮られた映像素材をつかって、国民における対日本戦への戦意を高揚させるという製作プロセスをもっていた。そこでは阪東妻三郎や志村喬が出演した稲垣浩監督の『江戸最後の日』（一九四一年）といった時代劇、吉村公三郎が監督した『西住戦車長伝』のような

『汝の敵、日本を知れ』より、巻物を広げる神武天皇

戦争映画、そして多くを日本の指導者や軍部が統制していたニュース映画や記録映画からの映像を借用している。つまり、無から創作したのではなく、敵国を描くために敵国の映像やフレーズをそのまま利用したのである。だから、鏡のように当時の日本社会の姿を映していて当然だったともいえる。

それに加えて、強権とファシズムを憎み、日本国民や文化を決して憎まなかったヨリス・イヴェンスの公正たらんとする演出と構成によって、ある意味では、戦前戦中における日本社会やその民衆のあり様を、外国人の視線からするどく洞察したものとなっている。イヴェンスは反権力の立場から、民衆や労働者の側に立った闘争映画《ミリタント・シネマ》を数多く手がけたが、ときにはその記録映像がローカルの社会や文化の深いところまでを抉るときがあった。文化革命後の中国社会をダイレクトシネマの手法で多角的に撮った大作『愚公山を移す』（一九七六年）のように、映像による異文化の民族誌ともいえる作品を残している。プロパガンダ映画という特殊な形式ではあるが、『汝の敵、日本を知れ』という作品を、異文化を洞察したドキュメンタリー映画のバリエーションのひとつと考えることもできよう。

ベネディクトの「日本人の行動パターン」

一九四六年に英語圏で刊行され、アメリカ人が日本文化を分析した書として『菊と刀』があまりにも有名になったために、日本語圏の読者には、ルース・ベネディクトは比較文化の書き手であるという印象がつよい。だが実のところ、彼女はアメリカの文化人類学の父といわれるフランツ・ボアズにコロンビア大学の大学院で学び、その後そこで准教授になった人物である。文化相対主義を旗に掲げた、アメリカを代表する文化人類学の流れにおける直系だといってもいい。同じ大学でひと回り年下のマーガレット・ミードとは終生の友だったこともよく知られている。ベネディクトの調査と研究の対象は、北米の平原インディアンであった。代表作である著書『文化の型』(一九三四年)では、ネイティブ・アメリカンの二部族と、パプアニューギュニアのトロブリアンド諸島の部族を比較して、文化の類型化を試みている。主に大学での人間関係のもつれからコロンビア大学の教職を去った彼女は、一九四三年に異文化研究の専門家としてアメリカの戦時情報局の海外情報部の主任になり、ヨーロッパ各国の報告書を作成した。そして太平洋戦争がはじまると、アメリカ軍が心理戦の戦略を立てるための資料づくりとしてベネディクトは日本研究をはじめ、一九四五年六月から三ヵ月で書きあげたのが「レポート25 日本人の行動パターン」である。

おもしろいのは、ルース・ベネディクトが一度も日本の地を踏むことなく、この日本研究の報告書を書きあげたことである。彼女は戦時中の日本を研究するために、アメリカの日系人に面接して話を聞いて、日本兵の捕虜へのインタビューの報告書を読んでいった。それから、日本語の出版物を英語に翻訳してもらって読みこんだ上で、日本の劇映画、記録映画、ニュース映画を見て分析するという手法をとった。現代でいえば、出版物や映像メディアを駆使した文化研究のフィールドに近いものだといえるか。そのためベネディクトの著書である『菊と刀』は、現地で調査していないこと、人類学の科学的な面よりも異文化の本質を透視する彼女の詩人としての感性が特色となっているという点で、しばしば批判にさらされてきたことも事実である。

情報局へのレポートとして書かれた「日本人の行動パターン」をベースに、ベネディクトは一九四六年に『菊と刀』を書きあげることになった。彼女は、この本の寿命をせいぜい十年くらいだろうと考えていたが、その予想をうらぎって、世界中で長いあいだ読まれる日本研究の書となっている。それは『菊と刀』が忠臣蔵や禅にこめられた思想、夏目漱石の『坊っちゃん』や杉本鉞子の『武士の娘』などの文学作品を読解しながら、批評的な透徹した視線で日本文化の本質に迫ろうとしたからではないか。

映画評論家の佐藤忠男が書いた『日本記録映像史』によれば、フランク・キャプラとヨリス・イヴェンスもまた、日本文化研究をしたルース・ベネディクトと同じように、『汝の敵、日本を知れ』という映画をつくるために、戦地で押収した日本のプロパガンダ映画をたくさん観ることになった。そのなかに田坂具隆が監督した『土と兵隊』があって、それが戦場における兵士の苦労ばかり描いているのをキャプラが観て、これでは「もう一歩でほとんど反戦映画になってしまうではないか」といったという。[3] ベネディクトもまた、キャプラやイヴェンスが編集した『汝の敵、日本を知れ』や、さまざまな日本映画を研究資料として活用することになった。[4]「日本人の行動パターン」に書かれた文章のなかで、ベネディクトが『土と兵隊』について書いたと見られるくだりは次のようになっている。

アメリカの教義とのちがいは、日本の映画のなかに明確に示されている。日本で作られる愛国的な戦争映画は、日露戦争ものも日中戦争ものも、かりにそれがアメリカ映画であったとしたら、平和主義のプロパガンダと受け取られかねない。ぬかるみのなかの行進という単調な日課、無意味な戦闘での苦しみ、中途半端な作戦といったものが、前面に押し出されているからである。ところが日本では、こうした映画は平和主義を訴えるものではなく、軍国主義のプロパガンダなのである。映画が提供するさまざまな美徳と気高さのパターンによって強調されるのは、人生における苦しさや不幸、挫折などである。[5]

ここでルース・ベネディクトは皮肉をいっているわけではない。日本の映画の観客はアメリカの観客とちがって、兵隊がひどく傷つきながらも献身的に務めを果たそうとする姿に感動し、そこに精神の崇高さを見ることを指摘しているのだ。戦時中に亀井文夫が陸軍省の協力を得て製作した記録映画『戦ふ兵隊』（一九三九年）が、同じように戦意高揚のために製作された映画でありながら、戦場における兵隊の苦労ばかりを描いたのは偶然ではない。ベネディクトは「日本人の行動パターン」において、みずからの体を滝に打たせる寒稽古のように、日本人は自分の能力を高めて人生を広げるために、精神を抑制して自己を鍛錬する、「修養」を好むことを強調する。つまり、文字どおりに日本文化におけるひとつのパターンを取りだしたわけだが、それを実際の日本兵や銃後の戦いに動員された民衆、学生、女性、子どもにまで通底する精神文化だとして論じたところに、彼女の独創があるといっていい。文化人類学者としてのベネディクトは、日本の戦時中のニュース映画や記録映画にかぎらず、一般の劇映画にまで考察の範囲を広げて、そこに見られる日本文化や社会の描写を民族誌的な資料として見なして、文化の型を考察したのであった。

そこから、当時の日本が戦力面においてアメリカに遅れをとっていただけではなかったということがわかる。アメリカは戦争において自国や敵国の国民がどのような心理をもっているかを分析し、それをいかに誘導して戦いを有利に進めるかを周到に研究していた。たとえば、一九四四年六月にベネディクトが移った戦時情報局の海外戦意分析課では、どうすれば日本兵に「恥」をかかせずに降伏させられるか、その性格の分析をおこなっていた。同じ年の十二月に開催され、ベネディクトやマーガレット・ミードら人類学者、社会学者、精神分析学者が参加した「太平洋問題調査会」では、戦争が終結する八ヵ月以上も前に、すでに日本の戦後対策について学者や専門家たちが包括的に話しあっていた。

そのような機会のなかでベネディクトは、西洋以外のそれぞれの文化にも独自の発展をとげた構造があるという文化相対主義の立場から、日本文化を擁護しただけにとどまらなかった。ドイツ系移民だったフランツ・ボアズの流れを受けついで、さらに女性の研究者でもあったベネディクトが太平洋戦争の戦時下で果たした役割は、戦時のアメリカがひたすらに国威を発揚していく状況のなかで、人類学者として他者の異質性への理解を進め、寛容性を示すことにあったのだ。

太平洋上の神の国

シリーズ「われらはなぜ戦うか」の総監督はフランク・キャプラであるが、『汝の敵、日本を知れ』という作品を構成して編集したのは、主にヨリス・イヴェンスと編集のヘレン・ファン・ドンゲンだったという。この映画のなかに「日本人とは何者なのか、いったいどこから来たのか」、その種族的な源流と歴史をアニメーションでわかりやすく紹介するシーンがある。これが短いながらも、なかなかに的確にまとまっていておもしろい。映画のナレーションは「人類学的にいうと日本の原住民はアイヌ人である。その後、モンゴル人がアイヌ人を征服し、その後すぐ満州人やマレー人が入ってきた。それらの人種が集まって現在の日本人になったのである」と解説する。大ざっぱではあるが、事実だけを端的に示していて、この説明は的外れとはいえない。

現代では人種学や遺伝子によって民族を同定する方法は否定されており、どんな民族であっても人種的には混交的で、それが文化的な単位であることは常識になっている。いわゆる「日本人」においても同じことで、そのような人種が地球上に存在するわけではない。さまざまな種族から流れこんできた人たちが混血したのが「日本人」であり、同じ言語や同じ文化をもつひとつの塊を形成していると考えられる。その起源にも諸説があるが、考古学、形質人類学、DNA分析などの成果を総合すれば、先史時代の日本列島には多くの種族文化があったとされる。縄文系から独自に発展したアイヌ文化、シベリアやサハリン経由で入ってきた満州民族（ウィルタ、ナナイ、エヴェンキなどのツングース語族）、ニヴフ人（ギリヤーク人）の祖先という説もあるオホーツク文化、マレー系に近いといわれる縄文人、朝鮮半島から入ってきた後年の弥生人など。DNA分析では、現代の主流日本人は縄文系のさまざまな人たちと弥生系のさまざまな人たちが混血していったものだとされている。[6]

欧米の外圧に対抗してあまりに近代化を急いだがために、明治維新後の日本社会では、日本民族を万世一系のものとしてひとまとめにしようという皇国史観が、後発近代化国である日本における、いわば国民の自意識として流布されていった。「日本国民」や「日本人」というアイデンティティは、江戸時代以前の民衆のなかにはほとんどなかったか、あったとしても希薄だった。むしろ人びとは幕藩体制のなかでそれぞれの「藩」という国に縛りつけられていた。であるから、明治維新から太平洋戦争における敗戦までの時代において、外国の識者のほうが色眼鏡なしに、冷静に近代日本のあり方を見つめることもできたし、外国のプロパガンダ映画のほうが戦前戦中の日本人の精神性やその姿を正確にとらえるという逆説も起きたのである。

ヨリス・イヴェンスらによる『汝の敵、日本を知れ』のなかで特筆すべきなのは、この映画が日本で製作されたさまざまな映像素材を引用しながら、それらを編集とナレーションの力だけで別の文脈に置きかえる「モンタージュ映画」だったことだ。日本で国内むけにつくられた戦意高揚のための映画やキャッチフレーズを逆手にとって、その指導者や軍隊がいかに危険な存在であるかを喧伝したのだ。そこには誤解や恣意性が多く含まれてはいるものの、外国人が日本を外側からながめたものが、当時の日本社会のありのままの姿だったといえる。

ルース・ベネディクトが『汝の敵、日本を知れ』を観て何を思ったのか。今では知るよしもない。文化人類学者としての彼女は、明治以降の日本の統治者たちや軍部が、日本の精神的風土に独特の「義理」を国粋的な方向へむけさせ、同じく「忠」という社会的な責務を天皇崇拝と同化させたのだと分析した。その上で、明治以降の西洋的な近代化の時代になっても、生き神としての天皇を戴きながら、実質的な政治は影の統治者がおこなうという二重構造が特徴となっていると指摘した。ベネディクトの比較文化的な視点からすると、それは太平洋諸島の部族社会で広く見られる「聖なる首長」が、実際の統治者とのあいだで役割分担をするやり方に近いものだと考えられた。

この統治者は、ポリネシア諸島では「もの言う首長」と呼ばれている。聖なる首長の代弁者、「引き立て役」というわけである。ニュージーランドの先住民のあいだでは、聖なる首長は神聖不可侵な存在であり、自分で食事を口に運ぶことはおろか、食べ物を載せたスプーンすらその聖なる歯にふれてはならないとされていた。外出するときは、人に運んでもらわなければならない。その聖なる足が下ろされた土地は、接触によって自動的に聖地となるため、彼の領土とせざるをえなかったからである。実務から遠ざかるほど、聖なる首長は部族の象徴としての性格を強めることになる。〔7〕

ルース・ベネディクトはこの「聖なる首長」に価するものは、アメリカでいえば、星条旗や国歌のようなものがその機能を果たしていると指摘した。戦前の日本では、それは天皇や日の丸のような存在なのであった。「聖なる首長」と「もの言う首長」という二重化の特徴から、日本文化というものは中国の大陸文化よりも太平洋諸島に近い、とベネディクトが考えたことが興味ぶかい。ヨリス・イヴェンスが手がけた『汝の敵、日本を知れ』は一九四二年六月に最初のシナリオが書かれて、映画は一九四四年に完成したが、一般に公開されたのは一九四五年八月になってからのことであった。そのあいだにアメリカの陸軍参謀本部はフランク・キャプラをつうじて、イヴェンスにこの映画の製作から降りるように勧告した。イヴェンスは映画をつくるなかで「戦争の後、我々が日本に対して勝利したあとで、そこにあったファシズムを殺すためには、我々は天皇を戦争犯罪人とみなすべきだ」という考えをもつようになり、それを映画の内容に反映させたからである。[8]ところが、戦中にアメリカで政策の大きな転換がおきて、アメリカ政府は天皇制という制度を温存することに決めて、戦後の日本における統治に役立てることにしたのだ。

この政策の転換にひと役買ったのが、他ならぬルース・ベネディクトであった。彼女が籍をおいていた海外戦意分析課が、日本人捕虜の尋問記録を分析した結果、多くの日本人にとって天皇は無限の崇拝の対象であり、政治的には軍人指導部のあやつり人形であると判断されることになった。ベネディクトは「天皇はいかに処遇されるべきか」という覚書のなかで、日本という国とその天皇問題がいかにアメリカ人にとって理解しがたいかを強調し、宗教的な「偉大な父親」の存在は、それ自体では善でも悪でもないと結論づけた。そして、日本人の信の体系を侮辱してはならず、「復興期に行われるあらゆる作業は、背後に天皇の強制力があれば、そのぶん容易になるだろうし、アメリカが天皇制を廃止するよう求めれば、それだけ困難になるだろう」と主張した。[9]

ルース・ベネディクトが書いた「レポート25 日本人の行動パターン」は一九四五年九月十五日にアメリカの国務省に提出されて、ダグラス・マッカーサー元帥やGHQの統治戦略に影響を与えることになった。当時のタイム誌が「彼女は天皇を救った」という見出しの記事を書いたくらいである。ベネディクトはレポートを提出したその月から長期休暇をとり、「日本人の行動パターン」に大幅に加筆して、一般読者むけの『菊と刀』という著書を書く作業に没頭することになった。翌一九四六年の十一月にこの本が出版されて大きな反響を呼び、ベネディクトは大学にもどることになった。ところが、その二年後には六十一歳で病死してしまった。終生、日本の地を踏むことがなかったベネディクトの著書は、いまも日本研究の古典として世界中で読まれつづけている。

（1）「ヨリス・イヴェンスへのインタビュー」『風～ヨリス・イヴェンス特集～カタログ』山形国際ドキュメンタリー映画祭、一九九九年、五〇頁
（2）竹山昭子「アメリカの戦争プロパガンダ映画『汝の敵日本を知れ』のメッセージ分析」『メディア史研究』第七号、ゆまに書房、一九九八年、六五頁
（3）佐藤忠男『日本記録映像史』評論社、一九七七年、一一九頁
（4）大森康宏「民族誌映画の撮影方法に関する試論」『国立民族学博物館研究報告』九巻二号、一九八四年、四二七頁
（5）ルース・ベネディクト、福井七子訳『日本人の行動パターン』NHK出版、一九九七年、八七頁
（6）「縄文・弥生人の「混血」遺伝子解析で裏付け」日本経済新聞、二〇一二年十一月一日
（7）『日本人の行動パターン』七〇頁
（8）『風～ヨリス・イヴェンス特集～カタログ』五〇頁
（9）『日本人の行動パターン』一三六頁

Epilogue 巫娼たちの渚 奄美大島

わたしは感応や霊感といわれるものにうとい方だが、少しふしぎな体験をしたことがある。数年前、若い女性と奄美大島の各所を巡ったことがあった。

島の北東部にあるきれいなカーブを描く湾を車で走っているとき、小さな集落の前でその女性が、「変な汗が出るから車を止めて」といった。ゆらゆらと歩く彼女について集落を散策していたら、地元の小学校教師に「体育館で写真展をやっているから見ていかないか」と誘われた。その湾には珍しい亜熱帯の魚が生息しているらしく、リュウグウノツカイの泳ぐ姿を撮った写真を見せてもらった。そして、ここはリュウのサトと書いて「龍郷」という集落だといった。

集落の前の砂浜をふたりで歩いていると、学校教師が顕微鏡を片手に追いかけてきて、足もとの砂を見てみろという。顕微鏡で見たら、砂の一粒一粒がコンペイトウのような突起をもった「星砂」が目に飛びこんできた。天然の砂はサンゴや貝殻がこまかく砕けてできたものだが、星砂もまた海岸に生息する原生動物の死骸である。そして教師は円形にひろがる湾をさして、「ここは太古に天から隕石が落ちてきてできたといわれる、奄美クレーターなんですよ」といった。

いくつもの現世離れしたイメージに遭遇したわたしは、頭上の宇宙と足もとの白い星砂たちの間にはさまれて、クラクラと我を失いそうなめまいに襲われた。同伴していた若い女性も初めて島を訪れた人だったので、何かに呼び止められるようにして立ちよった集落でのできごとに驚いていた。その近くに「星窪」という地名があることを知ったのは、東京にもどってからのことだった。

超越的な力を感応できるのは、神女のような特殊な人だけに可能なことだとわたしは思いこんでいた。ところが、そのような不思議なことがあってからは、むしろ場所や地勢の力が裏で作用しているのではないかと感じるようになった。民俗学者の谷川健一であれば、それが「渚」という空間なのだということだろう。

海岸は単に現実的な場所ではなく、また単に信仰上の場所だけでもなく、現実と信仰上の感情が交叉した場所でもあったわけです。（……）また、空間的にも循環性があり、神は空の上から降りて井戸、あるいは泉の中に入って地底を通り、水平性の向こうに出て、また天空に昇っていく、ちょうど水蒸気の循環原理のようなものを神の原理として考えているのです。[1]

隕石でできた湾に、星砂でできた美しい砂浜があり、その渚から見わたせる透明な内海に、ときどき竜宮からの遣いがやってくる。常世が地の底にあるのか、海の果てにあるのかを問うのではない。超越的なものが天から降りてきて地をめぐり、海の彼方からまた天へと還っていくような、宇宙的な循環を感じるパースペクティブに身を置くこと。柳田國男は『海上の道』のなかで、海と天をそれぞれ「アマ」「アメ」といった。この二つの語が互いに音でつながりあっているのは、渚にたたずんで神山とその先にある立神を見つめて水平線に目をやれば、古代の人でなくても自然に入ってくる感覚だといった。奄美はアマミ（海見）であると同時にアメミ（天見）でもあり、その渚は人を神高くする。そこでは、亡くなった先祖や神々とともにあるという感覚が、とても身近なものになるのである。

それゆえに、谷川健一は南島では誰もが神人《カミンチュ》になりうるといい、特に女性の巫をめぐる考察はその生涯をかけた探求のひとつだった。谷川が書いた『神に追われて』というノンフィクション小説は、奄美や沖縄や宮古島の何十人ものユタ（霊媒師）に取材して、執筆に五年をかけた労作である。民俗学の研究をしていて、その領域からどうしてもはみだすものに出遭ったとき、谷川は歌や小説といった文学形式を使ったようだ。ここでは本土の巫女にはない、奄美や沖縄に特有の「神ダーリ」という巫病が詳述されている。

南島通いを始めた頃、私は奄美大島の名瀬で写真家であり詩人でもある人と親しくなり、その家庭に出入りするようになった。たまたま話題がユタのことに及ぶと、友人の奥さんが自分は神にユタになれと言われて幾度も「延期ねがい」をしたことがあるという話をした。その奥さんは家庭のつとめをきちんと果たしているのに、時々神の道に入れとの声を聞く（……）彼女の母もかつては「神ダーリ」のとき邪神のまどわしに遭って、ついには自分の家の屋上につくられた物干場で縊死したというのである。[2]

神ダーリという巫病にかかると体がだるくなり、アクビを連発することから「だるい」に由来するとも、または神が顕ちあらわれる意味だともいう。ふつうの生活を送っていた人（その多くが女性）が、とつぜん幻視や幻聴におそわれて食欲を失い、夜も眠れなくなる。そして真夜中にふらふらとさまよい歩くなど、精神異常のような兆候が現れる。谷川健一は『神に追われて』のなかの「悪霊とたたかう少女」という章で、奄美大島の名瀬市に生まれた少女が霊的体験を経て、さいごに宮古島で神女に弟子入りするまでの経緯を書いている。少女が神に与えられるという試練の数々がなんともすさまじい。原因不明の病気や幻視幻聴を抱えて、大学病院、民間医療、精神科、寺や教会をたずね歩いた少女が、しまいには自殺未遂にまで追いこまれる。そんなとき、地元の奄美に暮らすユタにみせると、「もうりっぱな神様になっていらっしゃる」といわれて、少女は神の代理人の道へと入るのである。

谷川健一によれば、神ダーリは神によってその人が試されることである。神の声として聴こえるものが実は邪神の声であったりすると、声のとおりに動いて死や永久的な狂気におちいるケースもある。その試練に耐えた者だけが巫者になれて、健全な心身を取りもどすことを許されるのだ。「神に追われて、逃げおおせることができなくなった時に、神に自分の魂をゆずり渡す。これが南島で神の道に入った女の原則的で典型的な姿である」と谷川は書く。[3] わたしが奄美大島でユタに会いに行ったときに、紹介してくれた知人は「〇〇（名字）神様」とそのユタのことを呼んでいた。ユタは奄美や沖縄に特有のシャーマンであり、地元の人にはカミサマやモノシリと呼ばれている。むかしはその人が通れば、人びとが地に伏して拝んだというほどの権威をもつ「生き神」だったのである。

ふしぎなことに、神に追われるこれらの女性には美人が多いと信じられている。谷川健一によれば、奄美方言で「神ぬ生れしゅる」といえば、「犯しがたい美しさをそなえた女人」を評する語であるという。民俗学者の島袋源七は、ノロ（巫女）になる資格として、神がかりしやすい娘であることのほかに「容姿端麗であること」をあげている。世俗的な欲望をあきらめて、神の声を聴いて人々に託宣をする女性が、なぜ美しくある必要があるというのか。

いわゆる神気の副うた女人は、昔も今も常に饒舌で、またしばしば身の恥は省みずに、自分しか知らなかったような神秘なる真実を説こうとしている。それを神々が多数の俗衆に聴かせんがために、とくに或る一個の清く美しい者を選んで狂わしめられるのだとも、昔の人たちには考えられたのである。[4]

この「遊行女婦のこと」という文章のなかで柳田國男は、奄美諸島において「ズリ」や「ドレ」と呼ばれる遊女について考察している。奄美には遊郭がなく、かわりに遊女たちが村から村を巡回していた。そこへ青年らが夜に集まり、酒宴では彼女たちが歌や舞を踊ったものらしい。谷川健一は柳田の考察を受けて、「二つの遊女起源」という文章のなかでヅレ（ドレ）の語源は「出る」

ではないかと指摘している。家の内側にこもって家事や育児に満足できる女性と、それに飽きたらずに、家の外へ出て人びと交わることを好む社交的な女性と、主にふたつのタイプがある。後者はむしろ、宴席や歌や舞が披露される場にいることに生き甲斐を見いだすであろう。ヅレの語感には現代でも「廻る」とか「さすらう」という意味合いがあり、それが段々とヅレと言えば春をひさぐ女のことを意味するようになったのではないかというのだ。

そのような女性は、もともとは酒や歌舞とともに神々を悦ばせるという信仰と深いつながりがあった。奄美大島の民俗学者である金久正は、ヅレには「神サカシ」をする面があると考えている。


今古老たちが、あの女はどこどこ巡って大分さかしたげなという意味のことをよくいうが、これから判じると、サカスという語は、その美貌や歌舞の巧みさによって、多くの男性を引つけ大いにもてて、色花を咲かし、発展する意に用いられたらしい。

一方この島には、これに照応するものの如く「神サカシ」なる語が残っている。神サカシとは、おそらく、巫女が採物を手にし、神歌神舞によって神々を降し、大いにいわば神様にもてる意ではなかったかと思われる。現在神おろし歌などというものが残っていて、はじめてノロになる時の祭礼などに用いられたといい伝えられている。神サカシと同義語と思われるものに、神ハエシ（神栄えし）なる語がある。

要するに、ヅレの源流は巫女に見出されるべきものではあるまいか。[5]

つまり、女性の美貌や歌舞は「神さかし」のためのものだったが、のちにはこれが「男さかし」に用いられるようになった。谷川健一によれば、ここに巫女から娼婦へと移行する歴史的なプロセスを見ることができ、これが遊女の起源のひとつではないかという。「巫娼」という言葉があるように、特定の男性に従属していない点において両者には共通の要素が見られる。あるいは、奄美諸島の天女伝説であるアモレオナグ（天降り女）と、仕事を嫌って遊び歩き、村の社会機構からはみ出したアマレオナグ（余り女）の言葉もまた二重写しになっているという指摘も興味ぶかい。見目かたちの麗しい女性が、しばしば神さかしや男さかしの気をそなえていることは、現代人にも経験上わからないことではない。こうして谷川民俗学における女性は、すぐ傍にいるのにもかかわらず、永遠に隔たれた他者、「巫娼」という神秘的な存在として立ち現れる。

そのせいかどうかはわからないが、臆病な人間であるわたしなどには、奄美諸島の渚ではおそれ多くて、となりにいる女性の手をにぎることも躊躇われるのだ。

（1）谷川健一『渚の思想』晶文社、二〇〇四年、一六頁

（2）谷川健一『神に追われて』新潮社、二〇〇〇年、一三頁